La herencia invisible

Evelyne Bissone Jeufroy

La herencia invisible

Secretos de familia, duelos inconclusos,
lealtades… Liberarse de los males de
nuestros ancestros con la psicogenealogía

Prefacio de Lydie Ranc
Traducción de Julián Ezquerra

taurus

Papel certificado por el Forest Stewardship Council®

Penguin
Random House
Grupo Editorial

Título original: *L'héritage invisible*

Primera edición: mayo de 2026

© 2026, Evelyne Bissone Jeufroy
© 2026, Penguin Random House Grupo Editorial, S.A.
Humberto I 555, Buenos Aires
© 2026, Penguin Random House Grupo Editorial, S. A. U.
Travessera de Gràcia, 47-49. 08021 Barcelona
© 2026, Lydie Ranc, por el prefacio
© 2026, Julián Ezquerra, por la traducción

Printed in Spain – Impreso en España

ISBN: 978-84-306-2867-4
Depósito legal: B-4.369-2026

Impreso en Unigraf, Móstoles (Madrid)

TA 2 8 6 7 4

A mis hijos,
Nicolas, Sonia e Iván,
que me hicieron progresar en mi camino de vida,
y a mis nietos, the sunshine of my life.

A Anne Ancelin Schützenberger,
que me hizo trabajar el duelo de mi hija
luego de casi veinte años de silencio,
y me abrió, a través de la psicogenealogía,
un horizonte sin límites.

*El verdadero amor, sólido, duradero,
es aquel que busca la felicidad de otros
al mismo tiempo que la propia felicidad.*

SOR EMMANUELLE

*El hombre que no nace una segunda vez
camina toda su vida en los zapatos de su padre.*

PROVERBIO CHEYENE

Esta edición en español de *La herencia invisible* era algo fundamental para mi madre. Ella siempre me hablaba de su intención de que su libro se publicara en Argentina, su país de corazón y de nacimiento. Pero Evelyne se ha ido antes de poder cumplir su sueño. Me pareció un lindo homenaje hacerlo realidad. Aprovecho estas líneas para agradecer a todas las personas que colaboraron para que así fuera.

Maman, c'est pour toi.

NICOLAS

ÍNDICE

La última vez que vi a Evelyne Bissone Jeufroy fue en un sueño. Unos meses después de su fallecimiento en 2024. Lloré y le confié: "Evelyne, tengo que decirte algo: es doloroso para mí porque sé que debes partir". Luego de un silencio, ella me respondió: "Alegrate, porque es un reencuentro hermoso y verdadero. ¿Y sabes por qué? Porque salimos transformadas".

Este sueño bien podría haber sido un recuerdo, dado que las palabras y la vida con Evelyne eran así: una ayuda para la transformación; la de las personas mediante la psicología y la de la materia mediante el arte.

Evelyne era una mujer con múltiples potenciales, a la vez psicóloga clínica, *coach* y ferviente amante del arte.

Mi relación con Evelyne se inscribe, no por casualidad, en una historia de filiación. Nos conocimos cuando ella enseñaba el uso del psicogenosociograma, en la rue de Montparnasse 23, en París. Con el tiempo, desarrollamos una relación de mutuo afecto. En una comida, le pregunté: "¿Por qué nos entendemos tan bien, Evelyne?". Ella rió y evocó a su maestra: "¡Yo le hice exactamente la misma pregunta!".

Evelyne fue discípula de la emblemática Anne Ancelin Schützenberber en los años 1990. Tuvieron una relación profesional, y con el tiempo una profunda amistad. Tras su muerte, Anne le dejó a Evelyne como legado simbólico la Escuela de

Psicogenealogía Clínica para que perdure su deseo común de transmitir los principios de la psicogenealogía.

Evelyne siguió entonces organizando cursos de formación en Francia y en Argentina. También continuó la obra de Anne con la publicación de este libro: *La herencia invisible*.

Cuando lo leí, revisité mis numerosos años de formación y de supervisión con ella. Evelyne se esmeraba en enseñar a sus estudiantes que la vida más hermosa que se puede vivir es una vida en profundo acuerdo con uno mismo, libre de los mandatos familiares y sociales, de los miedos y las limitaciones. Hemos conocido a una mujer entera, que sabía acompañar, con rigor y confianza, el pasaje y la superación del trauma hasta alcanzar el placer (¡cuatro por día como mínimo![1]) y la alegría.

En este texto, Evelyne invita al lector a realizar un recorrido similar. Demuestra cómo los traumas de nuestras distintas líneas genealógicas pueden estar activas en nosotros, de manera inconsciente. El pasado es llamado a reactualizarse como consecuencia de acontecimientos significativos no metabolizados, tales como:

- duelos no realizados (muerte de un hijo, aborto natural o voluntario, accidente, desaparición, guerra, suicidio);
- secretos de filiación: hijo ilegítimo, adopciones disimuladas;
- violencias físicas, sexuales, psicológicas, incesto;
- injusticias o rechazos: encarcelamiento, homosexualidad, religión, origen étnico, esclavitud;
- dramas económicos: expropiación, robo, bancarrota;
- enfermedades graves o crónicas: adicción, enfermedades de transmisión sexual; y
- formas de relacionarse y esquemas de vida desafortunados: divorcio, adulterio, conflicto, abandono, sacrificios, mandatos, creencias, lealtades.

---

1.   Cf. Bissone Jeufroy, Evelyne, *Cuatro placeres al día ¡como mínimo! El despertar del cuerpo y el alma*, Buenos Aires: Aguilar/Fontán, 2010.

Estas herencias invisibles dejan huellas en nuestros cuerpos, en nuestras emociones y en nuestros comportamientos.

Evelyne es una narradora: mediante la presentación de episodios clínicos esclarecedores, ayuda al lector a tomar consciencia de esta transmisión inconsciente y de sus manifestaciones. Anima a reconocer la intensidad de lo que vivieron nuestros ancestros, situado en un contexto social e histórico particular, con el fin de desactivar la compulsión de repetición y encontrar la calma.

El psicogenosociograma, herramienta central de la psicogenealogía, permite volver visibles estas experiencias de vida ocultas bajo el efecto de la vergüenza y liberarse de los determinismos. Se trata de convertirse en el protagonista de su propia historia sin dejar de estar inscrito en una experiencia de vida familiar y social que nos trasciende.

La herencia invisible es un llamado vibrante a seguir nuestro cuerpo y nuestro corazón, para abrazar plenamente nuestra identidad y nuestra pertenencia.

Lydie Ranc
Psicóloga clínica y psicoterapeuta
Discípula de la Escuela de Psicogenealogía Clínica

INTRODUCCIÓN

Rosa es española, tiene cuarenta y siete años. Viene a verme porque quiere explorar la historia de sus ancestros. Mientras conversamos, observo que se toca los hombros, la nuca y el cuello sin parar. Al notar que eso me intriga, Rosa me confía que sufre desde siempre de terribles dolores a nivel de la cintura escapular (omóplatos y clavículas), anginas con cierta frecuencia y dolores de garganta muy fuertes. Tanto es así que, a los trece años, su médico decidió operarla de las amígdalas. En esa época, tosía tanto que, quince días después de la operación, tuvo que dejar el colegio. No pudo retomar durante un año y medio. Pero desde hace unos días, y por primera vez en su vida, este dolor, el mismo que padecían su padre y su abuela paterna (quien también tuvo que dejar el colegio a la misma edad, y durante el mismo tiempo), había desaparecido.

Rosa me cuenta que antes de venir a verme había hecho su pequeña investigación, en particular sobre su bisabuela. La historia familiar, la que ella conocía, contaba que su bisabuela había muerto a causa de la gripe española. Pero Rosa tenía la sensación de que no le habían contado todo y decidió consultar a uno de sus primos. Por correo electrónico, su primo finalmente le reveló que su bisabuela no había muerto por enfermedad, sino que se colgó, a los treinta y dos años, avergonzada por haber engañado a su marido con un amigo suyo, desesperada por haber quedado embarazada de él. Detrás de ella dejó cuatro hijos. En el mismo instante en que Rosa leyó la palabra "colgó", me dice ella, los dolores en la nuca y en la espalda desaparecieron como por arte de magia.

Si hoy se sigue tocando el cuello sin parar, es porque verifica y aprecia por primera vez en su vida el hecho de no estar más sometida a este dolor constante, porque siente finalmente una sensación de libertad.

Esta historia ejemplifica cómo los traumas pueden transmitirse de una generación a otra, sin usar las palabras. Nos demuestra hasta qué punto el secreto es transmisible a través del cuerpo. Dicho de otro modo, nuestros ancestros pueden enfermarnos, tanto física como psicológicamente. Nos heredan los traumas que ellos mismos no pudieron superar, sus vergüenzas convertidas en secretos o en no-dichos por imposibles de expresar y de manejar, sus duelos inconclusos, que también les impidieron avanzar… "Un ser humano está fuertemente predeterminado por la historia de sus ancestros", escribe Bruno Clavier. "No depende solamente de sus relaciones actuales o pasadas, sino que está en permanente interacción con las del pasado familiar que lo precede. Permanece siempre conectado con su genealogía"[2]. Esta herencia, que se transmite a través del ADN, la memoria del cuerpo y la memoria celular, tiene un impacto en nuestras vidas, en nuestra mente y en nuestro cuerpo. Genera dolores físicos, enfermedades, angustias, un malestar persistente; nos impide avanzar; crea una inestabilidad emocional o relacional que no comprendemos… También genera lealtades inconscientes que nos empujan a reproducir rituales inexplicables, a contraer las mismas enfermedades que nuestros antepasados, incluso a cometer los mismos actos, a veces irreparables, sin que los hayamos elegido.

Pero la historia de Rosa nos demuestra también que no hay azar. No es una casualidad que Rosa explorara la historia de

---

2. Bruno Clavier, *Ces enfants qui veulent guérir leurs parents*, Payot & Rivages, 2019.

su bisabuela. Nuestro inconsciente, que lo sabe todo, siempre nos impulsa, cuando estamos preparados, como atraídos por el deseo de conocer la verdad. La historia de Rosa también nos demuestra que no hay fatalidad: la revelación del secreto, la toma de consciencia de lo que vivieron nuestros antepasados nos permite liberarnos de la pesada herencia que llevamos en el cuerpo. Decir la verdad, sacarla a la luz, es esencial para que eso no se reproduzca. Para eso, hay que aceptarlo y trabajar en la historia de nuestros ancestros, ir a buscar ahí donde duele. ¡Y no siempre es evidente! Traiciones, abortos espontáneos, hijos adulterinos, accidentes, violaciones, incestos, suicidios, torturas… entretejen a menudo los recorridos individuales.

Pero hay que aceptarlo y tomar consciencia de estos traumas vividos, mirar atrás para sentirse mejor. ¿Eso nos hará sufrir? Seguramente. ¿Demanda mucho trabajo? Por supuesto. Pero es la condición para liberarse.

Un día, una joven vino a verme porque tenía miedo de morir. Su padre se había colgado, su madre había saltado por la ventana, su hermana venía de morir de un cáncer de mama y su otra hermana también padecía esta enfermedad terrible. En su familia, había, aparte del caso de sus padres, otras muchas historias de suicidio. Me contó que su familia era judía, con una rama ucraniana y otra católica armenia. Ese pesado pasado familiar, hecho de persecuciones y de masacres, ella lo arrastraba como un lastre. ¿Cómo podía vivir el presente si no se liberaba de eso? Le hacía falta aceptar que tenía que descubrir la verdad para salir adelante. No hay destino, ni fatalidad, ni maleficios.

Explorar los lazos transgeneracionales para descubrir la verdad es lo que permite la psicogenealogía. Permite evitar las repeticiones, liberarse al fin de los traumas de los ancestros para avanzar por un camino propio, sin cadenas que nos retengan prisioneros. Es un trabajo a veces largo, a menudo doloroso, pero indispensable para traer paz y serenidad para uno mismo, y también para nuestros descendientes.

1

CUANDO LOS TRAUMAS DE NUESTROS ANCESTROS NOS DEJAN MARCAS EN EL CUERPO Y EN EL ALMA

Lo que se calla en la primera generación, la segunda lo lleva en el cuerpo.

FRANÇOISE DOLTO

Los traumas vividos por nuestros ancestros, los cuales heredamos, y la ley del silencio que los rodea son el caldo de cultivo de las cicatrices que se imprimen en nuestros cuerpos y en nuestras vidas. Nos impiden ser del todo nosotros mismos, nos dejan un gusto a incompleto, se encarnan en un malestar o en males físicos que no llegamos a explicar ni a aliviar… Estas cicatrices hacen de nosotros seres heridos con personalidades inciertas, inestables, golpeadas, que carecen de raíces, de solidez, como una planta en una maceta a la que una ráfaga de viento puede voltear en cualquier momento.

HEREDAMOS TRAUMAS DE NUESTROS ANCESTROS, ¡LO PRUEBA LA CIENCIA!

¿Cómo explicar que un trauma vivido por uno de nuestros antepasados hace una, dos, incluso tres o cuatro generaciones puede pesar tanto en nuestras vidas actuales? ¿Cómo comprender que los traumas vividos por personas que a menudo ni siquiera hemos conocido pueden ser la causa de nuestras enfermedades, de nuestros dolores, de nuestras angustias difusas, de nuestro malestar? Hoy en día, gracias a los avances en el campo de la genética —y más precisamente de la epigenética[3]—, empezamos a entender que los traumas se transmiten. De nuestros antepasados no heredamos solamente los rasgos físicos, como un color de pelo, una forma particular de nariz o las pecas: también llevamos en nuestros genes lo que vivieron. Eso abre perspectivas nuevas y apasionantes.

Hoy, en efecto, sabemos gracias a investigaciones recientes que los traumas —especialmente los vividos durante la infancia (abuso físico, sexual o emocional, carencia afectiva…)— dejan marcas en el genoma[4]. Estas alteraciones afectan el funcionamiento de los genes implicados, entre otros, en la gestión del estrés, la regulación de las emociones, la reactividad frente a los acontecimientos o incluso la vulnerabilidad ante trastornos psiquiátricos. ¡Y eso no es todo! Experimentos han demostrado que estas modificaciones epigenéticas son susceptibles de transmitirse a varias generaciones. "Las neurociencias demuestran que mientras los padres están y permanecen traumados, este *shock* se transmite, incluso en silencio", resume el neuropsiquiatra Boris Cyrulnik[5]. Estos descubrimientos pueden dar vértigo: todas y todos somos susceptibles de heredar traumas de nuestros ancestros. Sin embargo, hay que tener cuidado con las conclusiones apresuradas: no todo está escrito de antemano, y cada uno tiene su forma de reaccionar ante un trauma. La otra buena noticia es que la inscripción biológica del trauma es reversible. "Eso valida lo que ya sabíamos intuitivamente, a saber, que hacerse cargo de

---

3. La epigenética es una rama de la biología que se interesa por la manera en que los genes se expresan o no. Estudia los cambios de la actividad genética, sin modificación de la secuencia de ADN.

4. Conjunto de genes y de cromosomas de un organismo.

5. Citado por Oihana Gabriel en "13-Novembre : Peut-on transmettre par les gènes nos traumatismes à nos enfants", *20minutes.fr*, 12 de noviembre de 2019.

un trauma de manera adecuada puede borrar la imagen mental y la fragilidad epigenética desarrollada", asegura la genetista Ariane Giabobino[6]. "Es un error creer que los genes determinan el destino de las personas", confirma, por su parte, el médico genetista Víctor Penchaszadeh, en ocasión de la creación del Banco Nacional de Datos Genéticos fundado en 1987 para recuperar a los hijos de los desaparecidos —víctimas de la última dictadura militar en Argentina (cf. también p. 38)—. "Es cierto que el debate entre lo que aporta la herencia y el medio ambiente continúa. Es una interacción permanente entre los genes y el entorno, que experimentamos durante toda nuestra vida, incluso antes de nacer".

Por eso es esencial tratar nuestros traumas: por uno mismo, pero también para no transmitirlos a nuestros descendientes. Ahora bien, el trauma se caracteriza porque no hay palabras para decirlo. El problema de la transmisión no reside tanto en el trauma en sí, sino más bien en el hecho de que no se haya dicho, que no se haya gestionado, que se haya ocultado, que se haya callado. "Un trauma exilia a la persona que lo ha sufrido de sí misma, y de la vida que tiene por delante", explica Calude Halmos. "Y no es, necesariamente, algo que uno perciba de inmediato. Uno puede, en efecto, sentir que vive 'normalmente', pero por dentro estar atormentado por lo que vivió, en el momento del trauma, del que no es consciente. ¿Por qué uno no es consciente? Porque para el psiquismo, el trauma es una adversidad tan pesada que, para no derrumbarse, debe poner en marcha un mecanismo de defensa. El psiquismo se asegura entonces de que, en el momento del trauma, la persona sienta conscientemente sólo una parte de lo que vive. El problema es que el resto no se borra por eso. Se inscribe en la persona y se expresa a través de angustias, fobias, pesadillas, violencia"[7].

---

6. Autora de *Peut-on se libérer de ses gènes?*, Stock, 2018. Citada en el mismo artículo de *20minutes.fr* (ver nota precedente).

7. "Vos questions à la psychanalyste Claude Halmos", *Psychologies*, septiembre 2019.

Podemos agregar que esta inscripción se transmite, como si le tocara a la generación siguiente superar el problema. Mientras no se lo trabaje, continuará transmitiéndose.

CUANDO EL TRAUMA SE CONVIERTE EN SECRETO DE FAMILIA

El trauma se convierte en secreto de familia cuando su carga emocional es demasiado pesada. Hay pocas familias sin secretos, sin un "muerto en el placard". A diferencia de los no-dichos, no se sabe que existen porque, por definición, son secretos. Y, sin embargo, influyen en nuestras elecciones y pueden explicar algunos de nuestros males… También podemos negarlos, no querer verlos, pero siempre nos atrapan en un momento dado.

La vergüenza en el corazón del secreto

Los secretos de familia tienen causas diversas y están ligados a diferentes factores. Así, pueden arraigar en un sufrimiento inefable aquellos que son imposibles de decir con palabras, como la violación, el abuso sexual, la deportación en un campo de concentración, la tortura… También pueden ser alimentados por la vergüenza; es el caso del suicidio, del incesto, del aborto, del alcoholismo, del consumo de drogas, de las bancarrotas, de la homosexualidad, de ciertas profesiones como la prostitución, del hecho de haber estado preso, de ciertas enfermedades (como el sida)… Estos comportamientos o actos que nuestros antepasados juzgan como "vergonzosos" se ocultan y se los guardan en secreto. Cabe señalar que la vergüenza está ligada al contexto y a las normas de la sociedad de la época. Por ejemplo, hasta hace poco, el divorcio y los hijos nacidos fuera del matrimonio eran fuente de exclusión social. Felizmente, las mentalidades evolucionan, pero quedan secretos "intemporales" como el del incesto, entre otros.

El incesto, del latín *incestum*, "no-casto", "impuro", "manchado", puede definirse como una relación sexual entre dos miembros de la misma familia (entre padres e hijos, entre hermanos…). Este tabú, considerado por el etnólogo Claude Lévi-Strauss como un principio universal, está presente en todas las sociedades judeocristianas y, con diferencias de grado, en otras culturas. Según Sigmund Freud, el tabú del incesto tiene origen en la formación de los grupos sociales al imponer la exogamia, es decir, las relaciones al exterior del grupo. Era tabú, y sigue siéndolo, porque las víctimas, divididas entre el dolor, el odio, la vergüenza y el amor por el pariente incestuoso, se rehúsan todavía con frecuencia a hablar del tema. He notado que, a menudo, este tipo de secreto de familia se revela en ocasión de una reunión familiar, un casamiento, un cumpleaños; en fin, en un evento en el que están involucrados los lazos familiares… La película danesa *Festen* (La celebración), de Thomas Vinterberg, estrenada en 1998, es un testimonio brillante de la universalidad de este tema, de su fuerza emocional y de sus consecuencias destructivas para la construcción de la personalidad. Cuenta la historia de una familia que festeja el cumpleaños número sesenta del padre. El hijo mayor, Christian, aprovecha ese momento de reunión familiar para tomar la palabra y revelar que su padre había abusado sexualmente de él y de su hermana gemela, Linda, quien se había suicidado un año antes. La madre lo sabía: otrora, había visto a su marido perseguir a los gemelos en el escritorio, sin ropa interior, pero ella había cerrado la puerta en vez de intervenir y proteger a sus hijos.

Cuando se lo guarda en secreto por vergüenza y por desesperanza, el incesto alimenta el malestar de las generaciones siguientes. Ese es el caso de Isabelle, que vino a consultarme porque su hijo Marc, de veinte años, va de mal en peor y tiene pensamientos suicidas. Viene también para detener la cadena del incesto en sus ramas materna y paterna, de la que ella misma fue víctima, como sus hermanos. Entre los cinco y los quince años, Isabelle fue abusada por su padre, Olivier, un hombre violento y alcohólico, muerto hace cinco años. Ella ha expresado sentir por él "odio porque era un monstruo" y, a pesar de todo, "compasión". Por su parte, Olivier, huérfano de madre a los dos años, también había sido abusado por su propio padre y maltratado por su madrastra, al punto de verse obligado a escapar de su casa a los trece. Isabelle veía en él al niño frágil y desdichado que había sido, y de ahí sus sentimientos ambivalentes. En cuanto a la madre, ella también había sido abusada por su padre y sus hermanos. Isabelle me cuenta que, cinco años antes de venir a la consulta, tuvo un cáncer en el seno derecho que hizo metástasis: "Eso me liberó. Es como si el pus, la bosta de toda esta historia al fin hubiera salido. Sentí que existía por mí misma a partir de ese momento".

Isabelle le habló de este pesado secreto del incesto únicamente a su marido, y no a sus hijos. Pero hoy sabe que es la causa del malestar de su hijo. Está segura de que el dolor de Marc "está relacionado" con su propia historia. Después de nuestra sesión de psicogenealogía, Isabelle le contó a su hija menor, Laure, con ayuda de su marido, lo que fue "su triste vida durante (su) juventud". "Entiendes ahora por qué no vamos nunca a visitar la tumba de tu abuelo y por qué no hay fotos suyas en la casa", dijo entonces el padre. Isabelle me escribió esto también: "Sé que estos últimos muros y murallas de la vergüenza y la angustia deben caer para que pueda al fin ser yo misma, para que pueda al fin acceder a otra vida con los míos, hecha de luz esta vez. Pero no es fácil". Isabelle tenía miedo de contárselo a su hijo: estaba muy frágil y quería mucho a su abuelo, tenía una imagen positiva de él. Pero el joven iba de mal en peor. Luego de una tentativa de suicidio, lo internaron de urgencia en un hospital psiquiátrico. Juntas, decidimos que tenía que hablar de este secreto con su hijo. Le avisé que el psiquiatra seguramente no estaría de acuerdo, pero poco importaba: había llegado el momento. Isabelle está desde entonces convencida de que este no-dicho habita al muchacho y lo destruye y que, en el fondo, inconscientemente, él lo *sabe*. Hecho que confirmó la reacción de su hijo: contra toda expectativa, no se molestó, como ella lo había temido, porque su tío materno ya le había dicho que su abuelo no era tan magnífico como él pensaba. Isabelle supo presentarle la personalidad problemática de su padre sin reducirla enteramente al acto reprensible, que merecía la cárcel.

El secreto de familia concierne principalmente a los orígenes de los niños y las circunstancias de su concepción. En un artículo del *New York Times International*[8], Mimi Bull cuenta cómo, a los treinta y cinco años, descubre su verdadera historia. Durante toda su infancia, le hicieron creer que era adoptada. Cuando tenía treinta y cinco años, descubre que su madre "adoptiva" es en realidad su abuela y que su hermana, también adoptada, es en realidad su madre. En ese momento, no le cuentan toda la verdad: le dicen también que su padre es un hombre de negocios. Y no es sino a los cincuenta años, el día del entierro de su madre, que se entera de que su padre es en realidad el padre Hip, el joven cura que ella adoraba y a quien llamaba Pate (apócope del latín *pater*, padre). Mimi era entonces la hija de un cura que había roto su voto de castidad y toda su familia había ocultado este terrible secreto. "Este secreto dejó una herencia devastadora para mi padre, mi madre y particularmente para mí", concluye Mimi.

Sus padres la criaron y velaron por ella de manera que tuviera una vida lo más normal posible. El padre Hip, quien, según Mimi sabrá más tarde, era legalmente su tutor, se ocupó siempre de ella. Mimi cuenta que tuvo muchas más oportunidades que los otros 50000 hijos de curas censado por el sitio *Coping International* en 175 países y que, según ella, "tienen historias mucho más dolorosas que la mía". A pesar de todo, este secreto rezumaba. "Todos estos secretos —escribe Mimi— tuvieron repercusiones en una niña sensible como yo. Siempre supe que era diferente. Yo sabía instintivamente que había cosas de las que no podía hablar con naturalidad, la frecuencia con la que, por ejemplo, mi mamá, Pate y yo nos veíamos, así como los viajes

---

8.   Mimi Bull, "My Father, the Parish Priest", *New York Times International*, 14 de febrero de 2020.

que hacíamos a Boston para cenar (…). Guardar los secretos se volvió mi segunda naturaleza (…). Este secreto repercutió en mi matrimonio, en mi rol de madre y me ha impedido disfrutar plenamente de mi creatividad y de mis estudios. Me sentía al margen, sin valor". Cuando Mimi era estudiante en la universidad, Pate muere a los cuarenta y siete años. Eso engendró en ella ideas suicidas y una profunda depresión. Esta triste historia le hizo pensar que el celibato de los curas debería ser una opción para quienes así lo quieran y no una obligación. Mimi propone levantar el velo del secreto y dejar pasar la luz de la verdad sobre los hijos de los curas. Desea que ya no sea posible ocultarles la verdad para que puedan gozar de su identidad y recuperen la otra mitad de sus familias, y que se los ayude a recuperarse de este terrible sufrimiento.

Sin embargo, hay que distinguir nuestro jardín secreto —que concierne a nuestra intimidad— del secreto de nuestros orígenes. El niño no es un confidente, y no es deseable, por ejemplo, que sepa que hubo adulterio en la pareja de sus padres, si eso no concierne directamente a sus orígenes ni al de sus hermanos. Por supuesto que, por causa de un adulterio, un niño podría tener uno o varios medio-hermanos. Me viene a la mente el caso que cuenta Serge Tisseron[9] de esas dos mujeres casadas. Un día, una le dice a la otra: "Tendrías que vigilar más de cerca a tu marido…". Y la otra le responde: "Eres más bien tu quien debería vigilar al tuyo. Supongo que te debes haber dado cuenta de que está bastante ausente". Esta última frase siembra la duda: entonces empieza a reflexionar sobre las ausencias de su marido y les habla de esto a sus hijos. Su hijo mayor descubre en Instagram que su padre tiene otra compañera, otra familia y otros tres hijos. En este caso, ya no estamos en el jardín secreto y entramos en el secreto de familia porque toca efectivamente

---

9.   Serge Tisseron, *Les Secrets de famille*, PUF, 2011. [Cf. en espańol: *Nuestros secretos de familia. Casos y manual de instrucciones*, México, Diana, 2000].

la cuestión de los orígenes. Los hijos tienen derecho a saber que tienen medios hermanos o hermanas.

No obstante, a veces, es preferible no decirlo todo. Algunas cosas deben permanecer secretas para protección de las personas, las parejas, las familias… En este sentido, me contaron la historia de un cura bastante anciano que, en las reuniones de preparación del matrimonio, aconsejaba a los prometidos no contarse todo y condenaba el mito de la transparencia en la pareja. Al respecto, les decía que, si un día fueran infieles, no era necesario contárselo al otro, sino que convenía guardar ese secreto para ellos porque sería egoísta herir profundamente a su cónyuge y destruir su confianza para aliviar su propia consciencia. Consejo muy encarnado, relacionado con una experiencia adquirida durante tantos años de escucha con sus feligreses.

El dolor y lo no-dicho

A diferencia del secreto, del que ignoramos la existencia, lo no-dicho se relaciona con un hecho conocido por todos. Pero la ley del silencio hace que permanezca a "puertas cerradas". En la familia, de estos temas no se habla, es así. En regla general, los no-dichos se instalan porque no se quiere entrar en conflicto con las personas involucradas, o hacerlas sentir mal, porque se sabe que es doloroso para ellas. Esa es la historia de Valentine. Esta mujer tuvo dos abortos espontáneos sucesivos, uno a los cuatro y el otro a los cinco meses de embarazo, después del nacimiento de sus tres hijas. Luego de estos acontecimientos traumáticos, su madre, que la fue a buscar al hospital, le dijo: "¡Deja de llorar! Ya tienes tres hijas, piensa en tus amigas ¡que tuvieron menos suerte!". En otras palabras, le dijo que tenga un poco de dignidad y se calle. Valentine se tragó entonces sus lágrimas y su tristeza. No volvió a hablar de estos traumas que afectaron su cuerpo. Tiempo después dio a luz a un niño, llamado Maxence. Su hijo sabe de los dos abortos de su madre: no es un secreto, pero no sabe más que eso. Cada tanto le hace preguntas a su madre, pero ella no puede hablar porque, me dice, "no sé qué responderle". Gracias a su trabajo en psicogenealogía, Valentine logró hablar de los bebés que perdió y ponerles nombre[10]. Valentine lloró mucho. "Este trabajo de sanación me ayudó a aceptar simplemente los misterios de la vida", me confió. Una noche, le preguntó a su hijo por qué se interesaba tanto por sus abortos. Y él le respondió: "Cuando era chico, siempre me pregunté si no había intentado nacer en esas otras dos oportunidades, si no había fallado mis aterrizajes, y si no lo había logrado finalmente la tercera vez…". Su madre pudo al fin contestar esta pregunta: "De ninguna manera, tu no tenías nada que ver con eso, no eras tu, eran otros dos niños". "¿Y tienen nombre esos niños?", dijo él. "Sí" respondió ella con orgullo, porque ese día había logrado, al fin, hablar de ellos y nombrarlos.

El trauma tiene la particularidad de crear una incapacidad de contar, porque el lenguaje renueva la experiencia. Decir es revivir el acontecimiento, con todas las emociones que conlleva. Por eso las personas callan, porque no quieren sufrir de nuevo. Viven en su dolor y toda la familia se impregna del dolor. Todo el mundo lo sabe, pero nadie habla. Contar el trauma requiere de mucha más valentía que callarlo porque te hace revivirlo una y otra vez. Por cierto, los exdeportados a campos de concentración, que van a los colegios a contar su historia, lo confirman; sin embargo, para ellos lo que importa es transmitirla para que no se repita.

También se puede decidir no decir nada y de mantener lo no-dicho por razones que nos pertenecen. Este fue el caso de Raymond Levy, editor y escritor, padre del novelista Marc Levy[11]. Durante la segunda guerra mundial, él y su hermano, detenidos y deportados al campo de concentración alemán de

---

10.   En psicogenealogía, invitamos a poner nombre a estos niños para darles una existencia.

11.   «Rencontre. Marc Levy: "J'ai découvert à 20 ans l'histoire de mon père"», propos recueillis par Sarah Petitbon, notretemps.com, 12 de julio de 2017.

Dachau, lograron escaparse del "tren fantasma" el 25 de agosto de 1944. Ese tren, que salió de Toulouse el 3 de julio de 1944, era uno de los últimos trenes de deportados y transportaba a 800 personas. "A los veinte años descubrí que mi padre había formado parte de la Resistencia francesa —explica Marc Levy—[12], que había estado preso y que lo habían torturado. Nunca quiso hablarnos de eso. (...) Terminé preguntándole por qué no había dicho nada. Su respuesta fue muy aleccionadora. Él consideraba que su compromiso había sido normal, que era justo lo que había que hacer en ese momento. No quería que lo presentaran como un héroe". Diez años antes, en una entrevista, Marc Levy ya se había referido a este pasado: "Creo que es la suerte de haber sobrevivido, y también cierta culpabilidad de la supervivencia, lo que hizo que mi padre y su hermano se negaran a contárselo a sus hijos", pero también, muy probablemente, el sufrimiento que les hubiera generado evocar esta dolorosa historia. "También quisieron proteger nuestra infancia", continuó Marc. Para romper la cadena de lo no-dicho y rendir homenaje al valor de su padre, Marc Levy investigó durante muchos meses sobre esta historia, entrevistó sobrevivientes e incluso a su madre, a quien le encargó sacarle discretamente información a su padre. De ahí surgió una novela: *Les Enfants de la liberté* (Los hijos de la libertad).[13]

Pero, a veces, el pesado silencio que deja lo no-dicho y la vergüenza se llena con las invenciones más descabelladas. Uno de mis pacientes me contó que su madre, divorciada, se había enamorado de un obispo, y él de ella. La pareja había decidido instalarse en dos departamentos contiguos con una puerta que los comunicaba. Ahí vivieron felices, hasta que murieron, con un año de diferencia. Esta paciente le había dicho a su madre:

---

12. Josyane Savigneau, «Marc Levy, à l'ombre du père», *Le Monde*, 3 de mayo de 2007.

13. Marc Levy, *Les Enfants de la liberté*, Robert Laffont, 2007. [En español: *Los hijos de la libertad*, Roca, 2010].

"Le prohibí a mis hijos que vengan a verte a este departamento. Si quieres ver a tus nietos, de aquí en adelante vas a tener que venir a casa". Entonces, los nietos se imaginaron escenarios rocambolescos, por ejemplo, que su abuela estaba implicada en el tráfico de drogas. ¡Qué decepción sintieron el día que, ya adolescentes, descubrieron la verdad! A menudo es perjudicial ocultar la verdad, sobre todo cuando se lo hace por el bien de los niños.

El secreto es también, como lo explica Daniel Duigou[14], un "saber que se oculta a otro. Garantiza un espacio privado, es algo del orden de lo íntimo, de lo personal, pero ejerce al mismo tiempo un poder sobre el otro" y esa es la razón por la que está muy presente en las instituciones. "Como toda institución —prosigue Daniel Duigou— (¿acaso no llamamos al ejército 'el gran mudo'?), la institución Iglesia conoce esta tentación de abusar del 'secreto' para intentar dominar situaciones o personas que pudieran escapárseles".

Cuando el secreto deviene "impensable"

Alexandre es diplomático en Asia. De origen modesto, da la impresión de ser una persona seria, honesta, sincera, que tiene éxito. Se beneficia de todos los privilegios de su condición de expatriado. Desde que llegó al país, frecuenta un club "de ricos", como lo dice él mismo. Un día, en el restaurante del club, roba una botella de vino. El salón tiene cámaras de seguridad, uno de los supervisores lo ve, pero decide no decirle nada. Unos días más tarde, Alexandre repite su fechoría, roba otra botella de vino. Esta vez, el supervisor decide intervenir y lo convoca: lo hace echar del club e informa de la situación a su embajada. Alexandre fue entonces suspendido, sin goce de sueldo, durante seis meses. Su vida se derrumba. "Las consecuencias son graves y violentas", me dice.

14.   Daniel Duigou, *L'Église sur le divan*, Bayard, 2009.

Alexandre está obligado a volver a Francia, con su esposa y sus tres hijos, a quienes no sabe cómo explicarles lo que pasó. ¿Cómo confesarles un acto tan contrario a sus principios? Se instalan en la provincia, en una casa de alquiler rural, y encuentran una escuela para escolarizar a sus hijos. En Asia, tenían una casa grande y hermosa con piscina sobre un peñasco. El regreso a Francia, en tales condiciones, es muy difícil de aceptar para toda la familia. Alexandre no consigue hablar con sus hijos de este "accidente", de esta "piedra en el camino", pero pone al tanto a su hermano y a su hermana. Su hermana le dice: "Te caíste de tu pedestal", a lo que Alexandre responde: "No soy una estatua, soy un hombre". Su hermano Grégory es psicólogo y se intriga por la historia… De regreso a su pueblo de infancia, donde todavía viven sus padres, decide llevar adelante una pequeña investigación. La desventura de Alexandre recorrió el pueblo y a muchos les llegó el chisme… Un día, mientras Grégory hacía compras en el almacén del pueblo, la almacenera le confió a media voz: "No es la primera vez…". Sorprendido, él le pregunta a qué se refiere, y ella le cuenta que su padre, hace mucho tiempo, había robado una botella de vino de su almacén. Ella no había dicho nunca nada hasta entonces. Grégory llama por teléfono al hermano para contarle. Juntos deciden ir a ver a su padre para preguntarle por qué nunca había dicho nada de esta historia. "¡Nos lo podrías haber contado! Lo que hiciste en ese momento no era grave, pero mira las consecuencias que trajo". El padre les responde: "No lo conté por vergüenza… salvo a su madre".

Esta repetición de hechos de padres a hijos despertó en Alexandre grandes interrogantes. Además, le generó un sufrimiento intenso que lo llevó a trabajar sobre sus antepasados en psicogenealogía y sobre sí mismo con un psiquiatra. Gracias a su largo y notable trabajo pudo adquirir un conocimiento de sí mismo que no hubiera tenido nunca si no fuera por este incidente. "Lo que pasó me ayudó enormemente a entender los poderosos motores que subyacen a mis conductas tan llenas de consecuencias para mí y para mi familia". Alexandre retomó poco después una carrera brillante.

En este ejemplo vemos bien cómo la vergüenza —que es lo que mantiene el secreto— se transmite entre generaciones. Alexandre repitió algo que no le pertenecía; en efecto, la propia lógica del secreto de familia es la de repetirse hasta que la verdad, es decir la luz, se hace. Felizmente, los principales actores del secreto —el padre y la almacenera— estaban todavía vivos y pudieron liberar el secreto y, en el mismo acto, la vida de Alexandre. Podemos preguntarnos qué hubiera pasado con sus hijos si la cadena de transmisión no se hubiera roto de este modo. Si la almacenera no le hubiera dicho nada a Grégory, seguramente la vergüenza del abuelo y del padre se hubiera transmitido a los hijos de Alexandre, o a uno de ellos, y hubiera podido repercutir en ellos de una forma o de otra. El secreto se hubiera vuelto en ese caso "impensable", como lo llama Serge Tisseron, porque los descendientes no tienen "ninguna razón para imaginar que puede existir un secreto que pesa sobre ellos. Sin embargo, crecieron marcados por las consecuencias"[15] del secreto. En efecto, según el consenso de muchos psicoanalistas, un secreto es "indecible" en la primera generación, "innombrable" en la segunda y se convierte en "impensable" en la tercera. Felizmente, "gracias" al robo de Alexandre y a su trabajo sobre sí mismo, el secreto pudo ser revelado, lo que rompió la cadena del silencio. Sus hijos no lo heredarán.

PESADAS CONSECUENCIAS TRANSGENERACIONALES

Cicatrices físicas

El secreto deja marcas en el cuerpo. "Lo que se calla en la primera generación, la segunda lo lleva en el cuerpo", decía Françoise

---

15. «Serge Tisseron: "Il faut naviguer entre tout dire et ne rien dire"», entrevista realizada por Christine Angiolini, lemonde.fr, 17 de septiembre de 2012.

Dolto. Además, es mediante el lenguaje del cuerpo —entre otros— que heredamos traumas de nuestros antepasados. Tomemos el ejemplo de un niño cuya madre fue violada. Él no lo sabe pero, cuando hablan en televisión o en conversaciones privadas de violaciones, siente que el cuerpo de su madre se pone tenso y se crispa. Los niños, de hecho, saben leer, descifrar, perfectamente lo que cuentan los cuerpos. El hijo de una víctima de abuso sexual asocia entonces las palabras referidas a la violación a la tensión, a la contracción, al malestar, a la angustia… Hereda esa asociación, cuando no es a él a quien violaron sino a su madre, aunque ni siquiera sepa que violaron a su madre.

Este mecanismo puede explicar por qué heredamos traumas que no nos pertenecen, pero que los vivimos como si nos pertenecieran. También permite comprender por qué el secreto es a menudo patógeno, en el sentido de perjudicial para la salud física y psíquica. El malestar habita el cuerpo. Tensiones en el cuello o en la espalda, dolores, enfermedades intestinales, cáncer… Cuando una persona me avisa que sufre de uno de estos trastornos, yo siempre busco el secreto de familia que podría haber detrás.

La repetición inconsciente

El secreto se imprime en el cuerpo creando síntomas similares, pero también una suerte de predisposición a los mismos acontecimientos desdichados. Me viene a la mente la historia de Brigitte, que vino a verme para hacer un trabajo de psicogenealogía, con el fin de clarificar su historia con vistas al divorcio. Durante este trabajo Brigitte revela que fue abusada por un vecino desde los nueve hasta los quince años. Entonces le hice tomar consciencia de que comenzaba este trabajo en el momento en que su hija mayor tiene precisamente la edad que ella tenía cuando empezaron los abusos. Brigitte cuenta que cuando tenía alrededor de veinticinco años, al vecino lo habían denunciado otras jóvenes del vecindario, que también habían sido abusadas por él. En esta ocasión a Brigitte le pidieron una carta que diera testimonio de que ella también había sido víctima de esta persona. Pero su madre, para su gran sorpresa, se lo había prohibido: no sólo no quería que su hija escribiera una carta con la acusación, sino que además le pidió que escribiera una para defender al vecino violador. Yo hipoteticé entonces que, si su madre negaba a tal punto la verdad, era probablemente porque ella también había sido abusada. Efectivamente, unos días después la madre confesó llorando que ella misma había sido violada por sus propios hermanos. La revelación de este secreto le permitió a Brigitte romper la cadena de las repeticiones y, en cierto modo, proteger a sus hijas. Luego de esta revelación, insistí firmemente para que Brigitte completara este trabajo con una terapia muy seria. Cosa que hizo. En efecto, por lo general es útil, después del trabajo de psicogenealogía, continuar con un trabajo sobre sí mismo.

Otro ejemplo de repetición que me ha afectado mucho por mi procedencia remite a un episodio trágico del país donde nací y donde crecí, la Argentina. El 24 de marzo de 1976, el ejército argentino derrocó al gobierno de Isabel Perón, en el poder desde la muerte de su marido Juan Domingo Perón. La junta militar al mando del general Jorge Rafael Videla tomó el poder y disolvió el Congreso, reemplazó la Corte Suprema e impuso la ley marcial. La represión contra cualquier acto contrario al gobierno militar era violenta.[16] Se reestableció la pena de muerte, censuraron los diarios y algunas universidades cerraron sus puertas. Los opositores al régimen eran perseguidos, secuestrados, torturados y asesinados. El poder de turno ejecutó los llamados "vuelos de la muerte": los prisioneros eran drogados y luego tirados con vida al océano Atlántico. Miles de personas desaparecieron, entre ellas niños y mujeres embarazadas. Los bebés

---

16.   Para saber más sobre este periodo, pueden leer el conmovedor libro de Laura Alcoba, *Manèges. Petite histoire argentine*, publicado por Gallimard. [En español: *La casa de los conejos*, Edhasa, 2008].

nacidos en cautiverio eran adoptados por familias de militares o "vendidos" a familias que querían adoptar. Hoy en día se estima que fueron alrededor de 510 los bebés robados. El 30 de abril de 1977, las Madres y Abuelas de Plaza de Mayo empezaron a manifestarse todos los jueves frente al Palacio de Gobierno de Buenos Aires. Su propósito: recuperar a sus hijos y nietos, impedir la perpetuación de este crimen de lesa humanidad y garantizar que los responsables sean condenados. Las Abuelas tenían una pregunta en mente: ¿si encuentro a mi nieto/a, cómo probar que es mío/a, en ausencia de sus padres desaparecidos? En 1987, ya en democracia, y gracias a la colaboración de científicos del mundo entero —especialmente del médico genetista Victor Penchaszadeh— se creó el Banco Nacional de Datos Genéticos para recopilar las muestras genéticas de todas las familias con hijos y nietos desaparecidos y las muestras genéticas de todos los jóvenes que piensen que no son hijos de sus padres y que les ocultan algo.

Al día de la fecha, las Madres y Abuelas tienen la prueba de que es posible establecer la filiación de una persona con un 99,99 % de certeza gracias a la realización de análisis específicos de sangre de los abuelos, tíos y hermanos. Esta taza se llama índice de abuelidad. Al día de hoy, 130 personas pudieron recuperar así su verdadera identidad[17].

Hace algunos años, trabajé con una de estas hijas recuperadas, a quien llamaré Alicia. La madre de esta joven había sido secuestrada, violada y torturada durante la dictadura militar. Alicia nació de esta violación y el bebé fue dado en adopción

---

17. En el sitio https://abuelas.org.ar pueden encontrar la historia detallada de este movimiento. También se contabilizan las diferentes restituciones de los hijos y nietos, y cada una es objeto de un artículo. Mientras escribimos estas líneas, la última restitución es del 13 de junio de 2019 y se refiere a Javier Matías Darroux Mijalchuk, el número 130. [N. del T.: Al día de la fecha de la traducción de este libro, la cantidad de hijos restituidos por la organización Abuelas de Plaza de Mayo asciende a 140].

ilegalmente a una familia. Alicia solo sabía que fue su tío militar que la dio en adopción cuando nació, ella no quería saber más por fidelidad a su familia de adopción. Me cuenta que un día, de viaje con una amiga, la violó un militar. Y me precisa que no violó a su amiga, que estaba en la misma habitación. Alicia se hace muchas preguntas desde entonces sobre el significado de este acontecimiento, y también sobre su fobia a las ratas, aunque no haya visto una en su vida. Era como si repitiera la historia de su madre secuestrada y violada. Luego de su trabajo de psicogenealogía, Alicia valientemente decide investigar para descubrir la verdad y resuelve hacerle preguntas a su tío, que vive en otro país de América del Sur. Otros argentinos probablemente sean, como ella, víctimas transgeneracionales de esta tragedia con huellas grabadas en sus cuerpos y en sus historias.

Inseguridad y escisión

El niño que creció en una familia donde existe el secreto "presiente que sus padres le ocultan algo", que le mienten. Pero no logra saber por qué, y eso le genera una forma de escisión[18] y de malestar. Busca la verdad. Como lo dice Serge Tisseron, el niño está "sometido a las filtraciones del secreto. Por ejemplo, su padre tiene ataques de angustia o de ira imprevisibles e inexplicables. El niño se altera y se siente inseguro"[19].

Eso nos hace comprender que, como lo decía Françoise Dolto, "no podemos mentirle al inconsciente, porque siempre conoce la verdad". Me acuerdo de la historia de esta mujer, Isabelle, que había tenido tres hijos por fecundación *in vitro*. Nunca se los había dicho porque su marido no quería. Isabelle vino a verme porque sus tres hijos se sentían muy mal consi-

---

18.   La escisión del Yo es la separación del Yo en dos partes coexistentes.

19.   «Serge Tisseron: "Il faut naviguer entre tout dire et ne rien dire"», *op. cit.*

go mismos. El mayor, en particular, amenazaba con suicidarse. Le decía todo el tiempo: "No siento pertenecer a esta familia", "¿Qué hago en esta familia?". En realidad, sus hijos, inconscientemente, ya sabían y eso les generaba un malestar permanente. "Nos damos cuenta, entonces, de que lo que resiste en nosotros es, de hecho, lo que no nos pertenece —dice Bruno Clavier—. Si la psicogenealogía tuvo el mérito de aportar un esclarecimiento fundamental sobre la importancia de la historia de nuestros antepasados en nuestra constitución psíquica, el psicoanálisis transgeneracional nos recuerda la dimensión inconsciente que compartimos con ellos"[20]. Para encontrar la paz, por lo tanto, hay que dejar que la verdad acceda al consciente. Porque, como decía Anne Ancelin Schützenberger, "el trauma transmitido es mucho más fuerte que el trauma recibido"[21]. Para defenderse de eso y detener esta transmisión hay que trabajar sobre los traumas.

DECIR LA VERDAD

En una familia, el trauma del secreto sigue operando en ciertos miembros de la familia porque se lo oculta. Se transmite entonces insidiosamente, perturba los comportamientos, altera las personalidades. Así, los traumas pasan inconscientemente de generación en generación, con el desconocimiento de los miembros de la familia. Esta dinámica, que provoca la mayoría de las veces repeticiones inconscientes, se detiene cuando, gracias al trabajo de psicogenealogía o en terapia, volvemos consciente lo que era inconsciente. La verdad mata al secreto de familia, a condición de revelar las emociones que trae aparejadas. Pero este proceso no siempre es fácil. De hecho, como decía Françoise Dolto, "el lenguaje de la verdad es salvador, pero terrible, porque

20.   Bruno Clavier, *Les Fantômes familiaux*, Payot, 2013.

21.   Anne Ancelin Schützenberger, *Aïe, mes aïeux!*, Desclée de Brouwer, 1993. [En español: *¡Ay, mis ancestros!*, Taurus, 2008].

hay que aceptarse tal como uno es con humildad; vamos a lo esencial, pero sin sentir orgullo de nosotros mismos"[22].

"Siempre un secreto de Polichinela"[23]

"Un secreto de familia es siempre un secreto de Polichinela" porque siempre hay alguien que lo conoce, decía también Françoise Dolto. Por otra parte, este secreto busca ser develado por todos los medios. Si los descendientes lo sufren, repiten ciertos actos o tienen una sensación de incompletud es, precisamente, porque el secreto intenta atravesarlos, abrirse camino a la verdad.

Los actos fallidos y las sincronicidades de la vida también lo prueban… Este azar extraordinario, lo encontramos especialmente en el relato de Jennifer Teege. En 2008, en una visita a la biblioteca municipal de Hamburgo, la joven publicitaria, entonces de treinta y ocho años, casada y madre de dos hijos, se sintió atraída por un libro titulado *Tengo que querer a mi padre, ¿no?*, escrito por Monika Hertwig, quien narra su propia historia. Jennifer la reconoce inmediatamente gracias a una foto: es su madre biológica, a quien solo había visto tres o cuatro veces cuando la visitaba en casa de sus padres adoptivos. La autora cuenta que es hija del oficial Amon Göth, apodado "El carnicero de Plaszow". Entre 1943 y 1944, este SS-Hauptsturmführer fue comandante del, tristemente célebre, campo de concentración Cracovia-Plaszow popularizado en *La lista de Schindler*, la película de Steven Spielberg. Jennifer, que, por supuesto, igno-

---

22.   Françoise Dolto, *Quand les parents se séparent*, Le Seuil, 1988. [En español: *Cuando los padres se separan*, Paidós, 1989].

23.   Polichinela es una máscara de la farsa italiana del siglo XVI, más conocida como *Commedia dell'arte*; el personaje se caracteriza por su astucia, por ser un excelente orador y tener una gran dificultad para callarse. Por eso, un secreto de polichinela es siempre un secreto a voces. [N. del. T].

raba toda esta historia familiar, se entera entonces de que es la nieta de este bárbaro. "Estaba aturdida, sin voz", le cuenta a la agencia France-Presse. Esta revelación tiene en ella el efecto de un clic: ahora comprende por qué su madre biológica la dejó de niña en un orfelinato para luego ser adoptada a la edad de siete años. Comprende también que el color de su piel y el de su padre, un estudiante nigeriano de paso en Baviera, a los ojos de su abuelo la hubiera condenado inmediatamente. De ahí el título de su propio libro *Mi abuelo me habría pegado un tiro*[24]. Jennifer cuenta que no sabía qué hacer con su terrible secreto, descubierto tan tarde, y que hubiera preferido saberlo de chica. Así habría podido "encontrarle un lugar" para poder "almacenarlo" en alguna parte de su vida y de su historia.

El secreto de familia es también un secreto de Polichinela porque, por grave que sea, siempre hay alguien que lo sabe, siempre hay una o varias personas que guardan el secreto. Esta persona puede ser, por ejemplo, una tía abuela, que no se casó nunca, que se divorció, que no tuvo hijos. Yo misma me dirigí a una tía bisabuela para descubrir la verdad sobre mi árbol genealógico. Esta tía bisabuela vivía en Londres. Ella había hecho el árbol genealógico de la familia, que se remontaba hasta 1575: ¡qué riqueza extraordinaria! Uno también se puede dirigir al mejor amigo o amiga de su padre o madre. Generalmente ese vínculo, íntimo entre los íntimos, es un confidente sin igual. Yo también lo hice a título personal. A los dieciocho años fui a visitar a la mejor amiga de mi abuela materna que murió hace muchos años, antes de que yo naciera, y fue apasionante porque sabía todo sobre ella. He aprendido tanto… Con respecto a eso, me gustaría hablarles de lo que llamo los "niños pararrayos". En mis conferencias, con frecuencia, me preguntan: "¿Por qué en la familia fui el/la único/a en intentar entender lo que pasó?". Es un hecho: en las familias están las personas a las que les in-

____

24. Jennifer Teege, *Amon: Mon grand-père m'aurait tuée*, Plon, 2014. [En español: *Mi abuelo me habría pegado un tiro*, Nagrela, 2017].

teresa y [las personas] a las que no, aunque respeten el proceso de sus parientes. Estos hijos que buscan información son como pararrayos; tienen una vara que apunta al cielo que les permite recibir la información, tienen una sensibilidad particular.

Sea cual fuera la historia que se oculte o se calle, hay que ir a buscar la verdad. Esta búsqueda es larga, costosa y lleva tiempo. "Pedid, y se os dará; buscad, y encontraréis; llamad a la puerta, y se os abrirá. Porque todo aquel que pide, recibe; y el que busca, encuentra; y al que llama, se le abrirá"[25].

Un día vino a verme Nora, una mujer de mediana edad, porque se hacía preguntas sobre sus orígenes. El hecho de que tenía la piel mate y que se bronceaba tan rápido al sol —se ponía completamente negra— intrigaba a sus amigos, que le preguntaron si no tenía un antepasado de color. Ella se preguntaba más precisamente por su bisabuela, una "princesa etíope" según la novela familiar[26]. Pero Nora no sabía nada de ella. Le pedí que investigara, que viera si no podía encontrar viejos vecinos y amigos de la familia que pudieran darle alguna información. Encontró a una vecina de su bisabuela: Augustine, de 101 años. Lo más extraordinario es que esta señora había guardado en el sótano un baúl que contenía todos los secretos de esta historia familiar; especialmente, fotos de su bisabuela que, según parecía, era de origen africano. Una información de peso que la familia parecía haber "eclipsado"... En efecto, su bisabuelo de origen ruso se había casado con una etíope. Por entonces, se instalaron en Brasil, después en Argentina, donde vivieron muy felices. Pero, seguramente por la vergüenza que sentían por esta sangre, impura a sus ojos, los descendientes hicieron desaparecer las fotos de esta bisabuela de los álbumes familiares. Aunque no totalmente, porque algunas de estas fotos fueron conservadas y

---

25.   Evangelio según San Mateo, 7, 7-12 y según San Lucas 11, 9-11 (trad. Reina-Valera 1960).

26.   Exploraremos este concepto de "novela familiar" un poco más adelante en este libro, ver p. 93.

estuvieron guardadas en un baúl escondido en el sótano de la vecina esperando pacientemente que alguien, un día, sacara a la luz esta historia familiar… Y fue el momento, porque Augustine podría haber desaparecido de la noche a la mañana, llevándose con ella su baúl de los secretos.

Para descubrir la verdad, a veces también hay que apelar a medios indirectos, ser inventivo. Como Marc Levy que le hizo releer a su padre el relato que le había inspirado su historia. El padre corrigió ciertos elementos del relato, una manera para él de evocar los campos de concentración y su propia historia sin verse obligado a hablar de eso en nombre propio… Pero también hay que saber respetar el secreto y el silencio. Algunas personas no quieren saber y no hay que forzarlas. Tal vez no quieran, no les interese —como suelen decir— pero tal vez tampoco "puedan". Hay que respetarlo porque, muy a menudo, no tienen la entereza suficiente para comprender y recibir esta verdad. No hay que forzar a la persona que sabe algo para que hable. Al igual que ciertas "víctimas" del secreto, ciertos guardianes de este no quieren o no pueden hablar del tema: es importante no forzarlo, respetar ese silencio e ir a buscar las respuestas en otra parte.

Decir a los niños la verdad sobre sus orígenes

El secreto sobre los orígenes es uno de los secretos más corrientes, y uno de los más destructivos también. Para construirse bien un niño necesita saber de dónde viene. Por eso es importante decirle la verdad, para garantizar la solidez de su construcción; sobre todo porque siempre la conoce inconscientemente: la práctica del psicoanálisis lo demuestra. Decírsela, es darle el derecho a saber conscientemente lo que ya sabe inconscientemente. Y evitarle que lo que no se dice con palabras se exprese en síntomas. Porque, a riesgo de repetirnos, "lo que se calla en la primera generación, la segunda lo lleva en el cuerpo", tal como expresó Françoise Dolto. Afirmó también que lo que está poco claro y es confuso resulta síntoma de angustia. Y uno no puede construirse sólidamente sobre el malestar.

Por lo tanto, es importante decir la verdad a los niños lo más temprano posible —incluso desde el nacimiento— mientras están construyendo sus puntos de referencia. "Una mujer recibió la lección de su hija de cinco años cuando decidió explicarle que su hermano era en realidad su medio hermano —cuenta Serge Tisseron—. La nena lloró mucho. Preguntó si sus abuelos, tíos y tías estaban al tanto y, como la madre respondió que sí, la nena protestó cada vez más fuerte, mientras le decía que ella era la menos informada sobre un problema que la implicaba principalmente. La nena también le reprochó a la madre por haberle mentido, ¡aunque ella siempre le había dicho que no estaba bien mentir! Entonces, esta madre, sin saber qué más decir, le preguntó a su hija cuándo, según su parecer, debería habérselo contado. Y la nena, con cinco años, le dio una respuesta magnífica digna de un psicoanalista, le dijo: 'Tendrías que habérmelo contado cuando era muy chiquita, no hubiera entendido nada, no hubiera llorado, ¡pero habría sabido todo!'"[27]. En otras palabras, poco importa que el niño tenga o no edad para entender, "decir" es lo más importante. Porque el buen momento —ese en el que los padres juzgan que los hijos pueden entender o que no los perturbará en su vida y su evolución— puede hacerse esperar, a veces mucho tiempo… hasta que llega un día en que ya es demasiado tarde y el niño, a pesar de la revelación del secreto, llevará las huellas toda su vida. "Si esperamos demasiado —continúa Serge Tisseron—, ya habrá construido sus fundamentos intelectuales y emocionales y habrá establecido sus preferencias psíquicas y relacionales. Se habrá puesto como una ciudad dividida en dos por un muro hace mucho tiempo. (...) La vida psíquica de un niño que creció en una familia al amparo del secreto se parece un poco a la de los habitantes de una ciudad semejante. Cuanto más se haya esperado para hablarle de un secreto, mayor será el

---

27.   Serge Tisseron, *Les Secrets de famille, op. cit.*

riesgo de que continúe pensando, experimentando y actuando como si este secreto existiera, aunque ya no sea así"[28].

Decir a los hijos la verdad sobre sus orígenes es también importante para los padres. Podrán así evitar la carga inútil de un lastre que les habría pesado mucho y que, de todas formas, hubiera repercutido en su manera de comunicarse con sus hijos. Así, el secreto deja de serlo porque fue dicho, aunque el niño no esté todavía en edad de comprenderlo.

Decir para existir

Algunos traumas, al no poder pensarse, los borramos para poder seguir viviendo. El secreto y los no-dichos crean, entonces, "agujeros" en los caminos de vida, que pueden darnos la impresión de que no existimos. Esta es la sensación que tenía Rebecca, una terapeuta peruana de unos cuarenta años, que vino a trabajar su genosociograma. No tenía ningún recuerdo anterior a sus diez años. Era como un agujero negro. Se acordaba de un hombre que, según imaginaba, era el amante de su madre y que tenía un profundo afecto por ella. Se preguntaba si no era su progenitor. Sabía que su madre y su padre habían tenido otro hijo, su hermano, cuando Rebecca tenía seis años, pero no tenía ningún recuerdo de su madre atendiendo a un bebé ni del nacimiento de su hermano. "Siempre tuve un agujero negro en este periodo de mi vida, a pesar de todas las terapias que hice, la hipnosis, la meditación, no podía recordar nada". Al final de la sesión de psicogenealogía, le dije: "Pedile a tu 'amable' inconsciente que recupere esos diez años en un sueño. No tenés mucho más tiempo, nos queda sólo un encuentro pronto". Dos o tres días después, Rebecca lo soñó… Recordó que, cuando era chica, su madre tenía un amante que jugaba con ella en su cama al juego "de la araña": la manoseaba, bajo las sábanas, hasta meterle los dedos

28. *Ibid.*

en la vagina. "Me acordé de que había en mí una mezcla de asco, de miedo y de placer". Rebecca tenía un profundo sentimiento de culpa. Este juego continuó hasta sus diez años, cuando este hombre las dejó, momento en el que comienzan los recuerdos de Rebecca. Le escribió el sueño a su terapeuta y le dijo: "A pesar de la tristeza de saber lo que pasó, estoy muy feliz de haberme acordado de todo, y tengo la impresión de que empiezo a existir". Además, Rebecca decide buscar al amante de su madre, para pedirle que hagan un examen de ADN con el fin de saber quién es realmente su padre. "Antes me preguntaba cuál era el poder curativo del genosociograma, ahora, lo sé". El agujero negro de Rebecca como resultado de su trauma de infancia es un mecanismo de defensa que le permitió seguir con su vida. Pero la necesidad de conocer la verdad para construirse fue más fuerte.

Decir la verdad permite abrir la cripta del secreto y realizarse plenamente. Esta es, en parte, la historia de Barbara. Durante toda su adolescencia fue violada por su padre, quien abusó de ella por primera vez cuando tenía diez años y medio. "Una noche, en Tarbes, mi universo se hundió en el horror —escribe en sus memorias sin terminar—. Los niños se callan porque los adultos se niegan a creerles. Porque se sospecha que fabulan". A los veinte años, cuando su padre abandona la casa familiar, Barbara empieza a cantar; pero siente que no existe como cantante porque solo interpreta canciones de otros. Algunos años más tarde, se entera de que su padre está a punto de morir en Nantes. Viaja a verlo, pero llega demasiado tarde. Entonces escribe, de un tirón, su canción clave: *Nantes*, en la que lo perdona y supera su sufrimiento.

Al abrir así la cripta, al sacar a la luz el secreto, Barbara se vuelve ella misma de repente: escribirá desde entonces las letras y la música de todas sus canciones. Continuará compartiendo su secreto con su público de una manera implícita en *L'Aigle noir* (El águila negra), después de manera explícita en su libro póstumo *Il était un piano noir...* (Érase una vez un piano negro...)[29].

---

29.   Barbara, *Il était un piano noir...*, Fayard, 1998 (1re édition).

Decir —o más bien, escribir o pintar— la verdad para (re)construirse es también la historia de una artista contemporánea mundialmente reconocida: Niki de Saint Phalle. Cuando tenía once años, su padre abusó de ella. De chica, ella se escribía cartas de amor, intentaba reparar mediante este trabajo simbólico las heridas de su niña interior[30]. En 1953, a los veintitrés años, se hunde en una grave depresión. La hospitalizan durante un tiempo largo en un centro de psiquiatría: le diagnostican esquizofrenia y la someten a electroshocks. Es ahí que tiene su primer acercamiento a la pintura: "Empecé a pintar en lo de los locos… Ahí descubrí el universo sombrío de la locura y su sanación. Ahí aprendí a traducir en pintura mis sentimientos, los temores, la violencia, la esperanza y la alegría"[31]. Así el arte se convierte en su terapia… y en su profesión. Es en ocasión de una muestra de sus obras que Niki de Saint Phalle empieza a hablar del trauma de su infancia, con la exposición de una carta de confesión gigante escrita en un muro del museo. Al hacer público este tema desafía la prohibición familiar de no ensuciar una historia de familia gloriosa ni la memoria de su madre. Un año más tarde, a los sesenta y cuatro años, va todavía más lejos en su necesidad de verdad y publica su libro *Mon secret* (Mi secreto)[32]; allí cuenta cómo su padre abusaba de ella. "Hacer pública su denuncia, su trauma, es afrontar la manada de cómplices ('Mamá estaba demasiado ocupada en ese momento'), de guardianes del templo ('Nuestra familia era una de las más respetadas de todo el país'), de cobardes ('No se alborota el avispero'), y de celosos ('¿Quién se cree que es ésta con su trauma?')", explica Michel Briat, arteterapeuta[33]. "Aun así, esta carta gigante y expuesta tiene algunas virtudes:

---

30. Ver los detalles sobre el concepto de "niño interior" en p. 120.

31. Citado por Catherine Francblin, *Niki de Saint Phalle, la révolte à l'œuvre*, Hazan, 2013.

32. Niki de Saint Phalle, *Mon secret*, La Différence, 1994.

33. «Niki de Saint Phalle au Grand Palais: le récit de son viol, ou l'art comme thérapie», L'Obs Le Plus, 23 de septiembre de 2014.

1. Romper el secreto, romper el pacto negativo. Obviamente, en caso de que haya un secreto (en el ejemplo de Niki, la violación del padre).
2. Afirmar a los ojos del mundo una existencia propia, autónoma. "Yo existo" parece decirle la artista a su madre, al mundo y a ella misma.
3. Cambiar la vergüenza de bando.
4. Obtener una reparación, incluso simbólica: "perdón Niki, por no haber podido protegerte". (...) Al referirse a los verdugos y a sus cómplices —activos o pasivos— por su nombre, la víctima escapa de la vergüenza y la transfiere a sus agresores".

Conocer la verdad es esencial porque permite afirmar nuestra existencia en el mundo y construirnos. Tengo en mente un ejemplo que también desarrollé en *Salir del duelo*[34]. En junio de 2004, *The New York Times* cuenta la historia de Christina, una joven adolescente rumana, que a los dieciséis años descubre que tiene sida leyendo el diario íntimo de su madre. Se infectó cuando era chica por una transfusión que le realizaron de urgencia luego de un accidente doméstico. Le diagnostican la enfermedad recién a los once años y sus padres toman la decisión de no decirle nada por su "bien". Prefieren decir, entonces, que tiene hepatitis. Cuando Christina, finalmente, descubre la verdad se propone militar y hablar del asunto en los colegios y en la televisión, para que el sida no sea más una enfermedad vergonzosa. "Está bien, porque a partir de que supe la verdad, pude al fin empezar mi verdadera vida. Me siento mejor, pero tengo altibajos, por supuesto, y una energía zigzagueante… No tengo miedo y cuando cumpla la mayoría de edad voy a fundar una organización en defensa de los niños y de lucha contra el sida y vamos a luchar todos juntos públicamente". El hecho de encontrar la verdad

---

34. Anne Ancelin Schützenberger et Evelyne Bissone Jeufroy, *Sortir du deuil*, Payot, 2005. [En español: *Salir del duelo*, Taurus, 2008].

le permitió luchar. Eso le dio una razón de ser y de vivir de acuerdo con sus valores.

Decir para no repetir

La historia de Simon me la contó una psicóloga que trabaja con niños. La familia de Simon, de apenas ocho años, la consulta en presencia del niño porque se pone muy ansioso, especialmente durante los recreos en la escuela. No soporta cuando sus compañeros "juegan a la guerra" en el patio y llega al punto de tener ataques de angustia. Para canalizarlos, inventó con sus padres un pequeño ritual al que se somete todas las mañanas antes de ir al colegio. Juntos repiten las letras "S", "SS" o "SSS" que, según ellos, quieren decir: "Seguro", "Seguro, seguro" o "Seguro, seguro, seguro que no tendré crisis de angustia en el colegio y que todo saldrá bien". Por otra parte, el árbol genealógico demuestra que una fuerte ansiedad circula de padre a hijo. Las siguientes sesiones se centran en la historia de la familia. Poco a poco, este trabajo permite poner en evidencia una relación muy singular entre la historia familiar y la elección simbólica inconsciente del ritual. La familia de Simon es judía por parte de su padre. Durante la Segunda Guerra Mundial, sus abuelos paternos tuvieron que permanecer escondidos bajo tierra en un sótano junto a otras tres personas mientras esperaban la oportunidad de pasar a una zona liberada. Hacían guardia por turnos y cuando los SS se acercaban, susurraban este código para que todos se callaran y no hicieran ningún ruido: "SS". Fue el padre que, en presencia de su hijo y de su mujer, contó este secreto de familia. Quedaron muy asombrados cuando hicieron la conexión con el ritual que habían inventado. Desde este día, Simon no tuvo más ataques de pánico en el patio de recreo y no necesitó más de este ritual matinal para salir de casa.

En este ejemplo, el trauma vivido por los abuelos paternos —convertido en secreto de familia— se "filtró" hasta la tercera generación sin que se lo pusiera en palabras. Conocido solo por el padre de Simon, el secreto se reveló debido a los ataques de angustia del chico. Las palabras dichas frente a Simon y a su madre aclararon una experiencia traumática que ya no tendrá que repetirse de generación en generación. La luz que aportó la verdad permite a los descendientes vivir su vida con mayor libertad. El secreto de familia, en efecto, se caracteriza por repetirse hasta que se accede a la verdad.

¿Cómo decir la verdad?

Pero, en la práctica: ¿cómo decir la verdad? La manera de hablar es fundamental, insistía Françoise Dolto. Dos años antes de casarse con Jacques, Jeanne tuvo una primera hija con un amante. Esta niña, Estelle, aparecía en las fotos del casamiento como dama de honor. Se le dice que sus padres se casaron después de su nacimiento. Jeanne tiene otros tres hijos con su marido. Cuando Estelle tiene diecisiete años, Jeanne se pelea con una de sus primas, Lydia, que para vengarse amenaza con poner a Estelle al tanto de todo. Jeanne se ve entonces obligada a contar la verdad a su hija: piensa, con razón, que si a Estelle le revelaran el secreto brutalmente las consecuencias serían devastadoras. Françoise Dolto, a quien le consultaron sobre el tema, recomienda que sea su marido, Jacques, el que le cuente la verdad. Dado que Jeanne no estaba segura de saber quién era el verdadero padre de su hija… Además, Jacques reconoció y crio a Estelle como si fuera hija suya. Françoise Dolto había percibido en los dibujos de Estelle que la nena sentía un fuerte y verdadero afecto por él. Les aconseja entonces a la pareja que Jacques le revele el secreto solamente a Estelle y bajo ningún concepto a sus hermanas y hermanos, porque este secreto le pertenecía a ella sola. Era su elección compartirlo, cuando ella se sintiera preparada.

Después de enterarse de la verdad sobre sus orígenes, Estelle herida y enojada porque le mintieron durante tanto tiempo, no le volvió a dirigir la palabra a sus padres durante varios meses.

Legítimo enojo. Luego de este tiempo de "digestión"[35], volvió a hablarle a sus padres. Poco tiempo después, reunió a sus hermanas y hermanos en su cuarto y les contó ella misma su secreto. Esta historia nos demuestra que la manera en que se revela el secreto —en este caso por una persona que tiene un vínculo afectivo fuerte con Estelle y que respeta su intimidad— es capital para quien recibe el secreto. Pedirle a un tercero que intervenga es también una buena idea, sobre todo cuando uno no se siente capaz de contarlo uno mismo por temor a derrumbarse.

Decir la verdad a los hijos es siempre necesario, siempre y cuando sepamos cómo hacerlo. Eso permite que el niño no construya en su cabeza escenarios todavía más dramáticos. De muy chico, un niño que perdió, por ejemplo, a un hermano se puede imaginar de hecho que sus padres lo tiraron por el inodoro o incluso ¡que se lo comieron! El hecho de hablarle del tema y de llevarlo a su tumba permite calmarlo, tranquilizarlo, porque no se le oculta la verdad.

A un niño que preguntaba "¿Qué es la muerte?", Françoise Dolto le respondió "Uno muere cuando ha terminado de vivir". También aconsejaba a los padres que habían perdido un hijo hablar del tema con el resto de los hermanos, desde la más temprana edad, aunque no lo hubieran conocido. Hay que utilizar palabras simples y hablarles de su hermano o hermana "mayor" o "más grande". Françoise Dolto decía que había que hacer crecer en la imaginación a ese niño desaparecido. Por mi parte, yo les hablé a mis hijos de su hermana y les decía, por ejemplo: "Ahora tendría dieciséis años. ¿Qué les haría tener una hermana de esa edad?". Me respondieron "¡Sería práctico, porque tendríamos para elegir entre sus amigas para nuestras salidas!".

---

35. Juego de palabras intraducible: "di[t]-géré" (dicho-gestionado) y "digérer" (digerir) se pronuncian igual en francés /diʒeʁe/, al igual que "di[t]-gestion" (dicho-gestión) y "digestion" (digestión), que en francés se pronuncian \di.ʒɛs.tjɔ̃\. [N. del T.]

Solo el tema del suicidio de un padre es difícil de abordar con un niño pequeño. El suicidio puede vivirse como un abandono... ¡La muerte ya lo es! Podemos simplemente decirle que la persona murió porque su corazón dejó de latir (lo cual es cierto) y abordar el suicidio (palabra que no significa nada para un niño pequeño) cuando sea más grande; decirle, entonces, que esta persona no quería vivir más; explicarle, una y otra vez, que él no es la causa de su muerte, porque los niños suelen sentirse responsables y culpables. En cualquier caso, el niño —incluso muy pequeño— o el adolescente tienen que saber que su madre, su padre o cualquier otro miembro de la familia está muerto, que su cuerpo fue enterrado y que no lo volverá a ver. Es importante llevarlo a su tumba y, sobre todo, permitirle expresar su sufrimiento, acompañarlo y escuchar lo que siente: el enojo de haber sido abandonado y todos los sentimientos y emociones que le genere este terrible acontecimiento.

En sus seminarios sobre el simbolismo en los dibujos de los niños, Françoise Dolto nos contó que cuando trabajaba como pediatra en el hospital Trousseau, los médicos la habían hecho llamar por un bebé de quince días, cuya madre había muerto y el bebé rechazaba el alimento dejándose morir. Françoise Dolto pidió que le llevaran la ropa de la madre, que las enfermeras felizmente habían guardado. Envolvió al bebé en esta ropa y le dijo: "Tu madre está muerta, ella te dio la vida y quiere que vivas". El pequeño lactante giró lentamente la cabeza para mirarla, Françoise Dolto pidió una mamadera y, muy lentamente, muy despacio, el bebito empezó a tomar.

2

LOS DUELOS INCONCLUSOS: CUANDO LOS FANTASMAS DE NUESTROS ANCESTROS APARECEN EN NUESTRAS VIDAS

Los muertos son invisibles,
pero no están ausentes.
San Agustín

Al igual que los secretos y los no-dichos, los duelos no traba-jados por nuestros ancestros también pueden transmitirse de generación en generación con todo el sufrimiento y el malestar que traen aparejados. Si no se conoce la importancia de hacer el duelo, o si no se sabe cómo hacerlo, se transmite el sufrimiento y sus problemas a los hijos, a los nietos, a los bisnietos… Esta pérdida se convierte, entonces, en un peso que los descendientes arrastran sin poder entender por qué, pero que, a la vez, es la causa de un gran número de padecimientos, tanto físicos como psicológicos. El duelo inconcluso, por negar la muerte, se venga negando la vida a través de las generaciones. En efecto, ciertas enfermedades orgánicas graves que ponen la vida en peligro, las enfermedades psicosomáticas[36], la infertilidad o incluso la

---

36. El término psicosomático se refiere a los trastornos físicos relacionados con factores psicológicos que se consideran relevantes en las causas y/o evolución de las enfermedades. Cuando una persona "somatiza" se suele entender que está expresando físicamente su malestar psicológico.

depresión crónica están en ocasiones relacionadas con la falta de un trabajo de duelo: se va "comiendo" a la persona que lo vive y a sus descendientes. El trabajo de duelo es por lo tanto indispensable para liberarse. Suelo comparar el duelo inconcluso con una herida que sangra, que está infectada, que molesta todo el tiempo. Cuando el duelo concluye, la herida cicatriza. La persona fallecida no se olvida, la cicatriz permanece, pero uno vive en paz. Una vez que la cicatriz está limpia, podemos pasar a otra cosa y retomar de otra forma el curso de la vida sin transmitir esta herida a nuestros hijos.

LA IMPORTANCIA DE LOS DUELOS EN LA PSICOGENEALOGÍA

Dejar partir a los fantasmas

El proceso de duelo, de pérdidas y de cambios es particularmente importante en psicogenealogía, porque las historias no resueltas atormentan a las personas que padecen estas pérdidas, pero también a sus descendientes. Como almas en pena, cada uno a su turno rumia y se hunde cada vez más en el duelo y el dolor de la pérdida sin poder salir, y eso les impide vivir plenamente la vida. Así es el caso de Élodie, que sufre en carne propia la muerte de su media-hermana mayor, de quien ignoraba su existencia y cuya madre nunca hizo el duelo. Élodie no puede dar a luz. ¿Pero cómo dar a luz en una familia que mantiene la muerte de su propia hermana —y entonces su existencia— en la oscuridad?

Élodie vive en Chile. Viene a verme porque no logra tener hijos. Ha sufrido repetidos abortos espontáneos. Al año siguiente, recibo a su madre, Claire, enviada por la hija (lo que demuestra una vez más que nuestro inconsciente nos empuja en dirección a la verdad…). Claire quiere hacer su psicogenosociograma (cf. p. 129). Me explica que antes de conocer a su actual marido y de tener a Élodie se había casado muy joven con otro hombre. Se fueron a vivir a Estados Unidos, donde ya estaba radicado el hermano de su marido. Allá, tuvieron una hija. Su primer marido tenía un carácter difícil y sufría ataques de nervios con cierta regularidad. Inestable, pasaba de un trabajo a otro. Para satisfacer las necesidades de la familia, Claire se vio obligada a trabajar de mesera durante las noches, dado que la paga era mejor que en un trabajo de día. Por las noches, su marido, que se quedaba solo, se ocupaba de la niña, pero no soportaba los llantos de su hija. Una noche, excedido por el llanto de la nena, sufre un ataque de nervios y le pone una almohada en la cabeza. La ahoga. La pequeña muere. Tiene dieciocho meses. Cuando Claire vuelve a casa, descubre el cuerpo sin vida de su bebé sobre la cama. Los médicos se dan cuenta rápidamente de que no se trata de una muerte natural, y la autopsia confirma sus sospechas: la pequeña murió por asfixia. Al padre lo arrestan y lo encarcelan. Conmocionada, Claire decide volver inmediatamente a Chile sin esperar al entierro de su hija. El hermano de su marido se encarga de las formalidades del entierro. Claire se siente culpable: enterrar a su hija es impensable para ella, está por encima de sus fuerzas.

Unos años más tarde, Claire conoce a otro hombre. Se casan y tienen a Élodie. Claire le ha contado la historia de su primer matrimonio y de la muerte de su bebé a su marido, pero no a Élodie. Yo la incito entonces a contarle todo. Cosa que hace. "Pero, mamá, ¿cómo no la protegiste mejor?", le preguntó Élodie. Por mi parte, me quedo intrigada por la elección que había hecho Claire de su primer marido y le pregunto: "¿Por qué se casó con ese hombre, si sabía que era esquizofrénico y violento? ¿Por qué había decidido tener un hijo con él, por qué lo dejaba al cuidado de su hija todas las noches?". Ella me responde que viene de una familia "especial". Su madre fue internada varias veces en un psiquiátrico debido a un trágico accidente que vivió en su infancia: su madre tenía una hermana menor de dos años, Anna; el día de su cumpleaños, cuando Anna soplaba sus tres velas, el vestido de la nena se prendió fuego. Nadie pudo apagar las llamas y la madre de Claire vio a su hermana quemarse y morir, sin darse cuenta realmente de lo que había pasado. Nunca se recuperó y Claire creció con una madre psicológicamente muy perturbada. ¿Es por esta razón que Claire se sintió atraída por este hombre inestable, frágil y peligroso? ¿Es debido a su infancia que no pudo ver que se ponía —y ponía a su hija— en peligro?

Una vez que Claire le reveló este pesado secreto a Élodie, le sugerí que hiciera un entierro simbólico de su primera hija. Con ayuda de Élodie pusieron en una cajita algunos objetos personales que Claire había guardado de su hija, por ejemplo, botones. Después la fueron a enterrar en un parque de Santiago de Chile. Claire aprovechó la ocasión para preparar otra caja para su madre, luego de preguntarme si era una buena idea. ¡Por supuesto que lo era! Después de este largo trabajo que había hecho sobre ella misma, todo lo que viniera de su propia intuición, y entonces de lo más profundo de sí misma, sólo podía ser una buena idea. Treinta años después de la muerte de su hija y gracias a este ritual, Claire pudo finalmente hacer el duelo simbólico de su bebé. Su hija, por su parte, fue madre de un niño un año más tarde, luego de ocho años intentando tener un hijo. La revelación del duelo no realizado y oculto de su madre, tanto como el ritual, le permitieron a Élodie conocer la verdad, completar esta tarea inconclusa de vida y de muerte y pasar al fin la página para escribir su propia historia. Tiempo después, recibí una carta muy conmovedora de Claire: "Generalmente, la llegada de un hijo es un acontecimiento lleno de alegría. La llegada de este hijo es todavía más especial, tal vez por nuestra historia y por esta historia mal contada que quedó grabada en el inconsciente de Élodie. Usted me enseñó el camino para poder cerrar esta historia. Eso fue muy liberador para mí y para mi hija y es gracias a este trabajo que hoy tiene a su hijo en brazos. Gracias por haberme dado la posibilidad de liberarme de este peso, de esta culpa, por haberme dado la posibilidad de revelar cosas que me parecía imposible poner en palabras. Volver a hablar, revelar este secreto guardado por tanto tiempo, llorar, recordar y perdonar".

El cineasta camboyano Rithy Panh, que vivió el infierno de los Jemeres Rojos, también habla de dejar partir a los fantasmas… En 2003 estrenó el documental *S21, la machine de mort khmère rouge* (S21, la máquina de matar de los Jemeres Rojos) sobre el genocidio camboyano en el que entrevistó a víctimas y a verdaderos verdugos. Este es su testimonio: "Hay que tomarse el tiempo de trabajar el duelo, hay que ayudar al proceso, porque los fantasmas están ahí, pero es mejor lidiar con ellos y no enterrarlos ni amordazarlos. Después de semejante trauma, hay que volver a aprender todo, incluso a vivir. Es un trabajo sobre el sufrimiento. Hay que aceptar esta historia, para que las próximas generaciones no pasen por el mismo dolor"[37].

El niño de reemplazo o cómo llenar la ausencia

El duelo es mucho más difícil de hacer cuando se trata de dejar partir a un hijo. A los hijos que pierden a un padre los llamamos huérfanos, pero ¿cómo llamamos a los padres que pierden a un hijo? No existe una palabra para decirlo, porque ese no es el orden natural de las cosas. Aunque el duelo parezca imposible de hacer es indispensable hacerlo, de lo contrario, se corre el riesgo de transmitir el sufrimiento al próximo hijo, muy a menudo considerado como el hijo de reemplazo. Así fue el episodio de la historia de Vincent Van Gogh que, probablemente, lo llevó a quitarse la vida. Vincent y su hermano Theo tuvieron un hermano mayor, muerto apenas unas horas después de nacer: Vincent Willem. Lo enterraron en el cementerio de Zundert, cerca de la casa de los Van Gogh. Vincent Willem Van Gogh, el pintor, que se llama igual que su hermano —es una tradición bastante común en ciertas familias— nació el 30 de marzo de 1853, exactamente un año después que su hermano mayor. De niño, creció llevando flores todos los domingos a la tumba de

---

37.   Entrevista de Gwen Douguet, *Figaroscope*, 11-17 de febrero de 2004.

este pequeño que no conoció, que se llama como él y que nació —y murió— el día de su cumpleaños. Su hermano Theo, con quien tenía una relación muy estrecha, se casa y tiene un hijo a quien también le pone este doble nombre, Vincent Willem, por amor a su hermano (el pintor). En sus cartas a Theo, Vincent nunca llama a su sobrino por su nombre, escribe apenas "el pequeño". Algunos meses más tarde, Theo escribe a Vincent: "Espero que este Vincent viva y pueda realizarse". Poco tiempo después, Vincent, el pintor, se suicida.

La hipótesis de trabajo de Anne Ancelin Schützenberger —y de otros[38]— es que Vincent, el pintor, nunca encontró su lugar: entre el Vincent muerto (su hermano mayor) y el Vincent vivo (su sobrino), ¿dónde se ubicaba él? Fue concebido para reemplazar a su hermano mayor muerto, y el hecho de que haya nacido exactamente un año después confirma este "síndrome del aniversario"[39]. "Es el ejemplo del hijo de reemplazo que ocupó el lugar de un muerto cuyo duelo no fue realizado, y que no tenía lugar para vivir. Es un niño de reemplazo que tampoco tenía la posibilidad de hablar de su hermano muerto y que se sentía de cierta forma como un 'usurpador' porque tomaba un lugar y un nombre que no eran para él", analiza Anne Ancelin Schützenberger[40].

Esta noción de "hijo de reemplazo" surgió en la década de los setenta con los trabajos de Orlow Poznanski[41], luego los de

---

38. Camilo Sanchez, *La viuda de los Van Gogh*, Edhasa, 2012. Este libro cuenta la historia de Johanna Bonger-Van Gogh, esposa de Theo, que vivió una doble viudez por lo fuerte que era el vínculo entre los hermanos (Theo entra en una depresión profunda, y muere de sífilis seis meses después que su hermano mayor). Será gracias al trabajo de Joanna Bonger-Van Gogh que Vincent conocerá al fin la gloria póstuma.

39. Volveremos sobre el síndrome del aniversario, p. 88.

40. Anne Ancelin Schützenberger, *op. cit.*

41. Orlow Poznanski, « The Replacement Child, A Saga of Unresolved Parental Grief », *Journal of Pediatrics*, vol. 81, no. 6, 1972.

Nicole Alby[42], que introdujo el concepto en Francia. El psiquiatra Maurice Porot[43] explica que estos niños están a menudo condenados a "no ser ellos mismos". No es por eso casualidad que algunos de estos "hijos de reemplazo" se hayan convertido en personas célebres en el campo de la creación; como si el arte fuera para ellos un medio de crearse a sí mismos, de existir y de ser reconocidos por lo que son. Citemos el ejemplo de Ludwig van Beethoven, que nació apenas un año después de la muerte de su hermano mayor, a los cuatro días de edad, y del mismo nombre; el de Chateaubriand que nació diez años después que el primer heredero masculino de la familia, fallecido a edad temprana, y a quien le pusieron uno de sus nombres de pila, René (que, en francés, significa "re-nacido"); el de Stendhal, que fue concebido tres meses después del fallecimiento de su hermano mayor, muerto a la edad de cuatro días, y a quien le pusieron el mismo nombre (Stendhal utilizará una veintena de pseudónimos antes de encontrar éste, inspirado en el nombre de una ciudad de Alemania). Podemos citar también el caso de Camille Claudel, que nació diecisiete meses después de la muerte de su hermano mayor, Charles-Henri, fallecido a las dos semanas de vida. Su madre, que la llamaba "la usurpadora", no le perdonará nunca que no fuera el varón que debió reemplazar a su hijo. Esta historia, como la elección de su nombre, puede explicar la voluntad de Camille de convertirse en escultora, una profesión de hombre en esa época.

El genio creador de Salvador Dalí se explica también por la historia de su nacimiento. Así la cuenta él: "Yo viví la muerte antes de vivir la vida. Mi hermano murió de meningitis, a los siete años, tres años antes de que yo naciera. Eso sacudió a mi madre en las profundidades de su ser. La precocidad, el genio,

---

42. Nicole Alby, «L'enfant de remplacement», *Évolution psychiatrique*, vol. 39, n° 3, 1974.

43. Autor de *L'Enfant de remplacement*, Éditions Frison-Roche, 1996. [En español: *El niño de reemplazo*, Fundapsi, 2023].

la gracia, la belleza de este hermano hacían sus delicias: su desaparición fue un golpe terrible. Nunca se recuperó. La desesperación de mis padres se aplacó solo con mi nacimiento, pero su desgracia continuaba impregnando cada célula de sus cuerpos. En las entrañas de mi madre, ya podía sentir su *angst*[44]. Mi feto nadaba en una placenta infernal. Su angustia no me abandonó jamás… He vivido profundamente la persistencia de la presencia de [mi hermano], a la vez como un trauma —una suerte de alienación del afecto— y un sentimiento de derrota"[45]. Pero la realidad de los hechos es un poco diferente de la que cuenta Dalí. En su tesis sobre el pintor, César Chamoula[46] explica que Dalí, efectivamente, tenía un hermano mayor que se llamaba como él. Este niño murió en realidad cuando era mucho más chico, a los dos años aproximadamente, o nueve meses y once días antes del nacimiento del pintor. Es decir que fue concebido casi inmediatamente después de la muerte de su hermano. El mismo Dalí explica que sus extravagancias y su creatividad le permiten desligarse del hermano fallecido. "Gracias a este juego constante de matar con mis excentricidades la memoria de este hermano muerto, cumplí el mito sublime de Cástor y Pólux, un hermano muerto y otro inmortal"[47]. A su manera, Dalí pintó sesenta y cuatro versiones de *El Ángelus* de Jean-François Millet. Como si buscara el significado oculto de este cuadro, que representa un paisano y su mujer rezando sobre una cesta. Años más tarde se descubrirá, gracias a los rayos X, que debajo de la cesta Millet había pintado el ataúd de un niño, pero que lo había tapado para

---

44. Angustia existencial, del alemán *Angst*, "miedo", utilizado en los trabajos de Sigmund Freud, o del danés *angst*, utilizado en los trabajos del filósofo y escritor Sören Kierkegaard.

45. Citado por Andréa Sabbadini en « L'enfant de remplacement », *La Psychiatrie de l'enfant*, XXXII, 2, 1989.

46. César Chamoula, *Salvador Dali et son secret de création : le noyau traumatique dans l'activité paranoïaque-critique*, Paris 7, 1982.

47. Citado por Maurice Porot, *L'Enfant de remplacement, op. cit.*

no espantar al público y poder venderlo. "Siempre sospeché la muerte de un niño en este cuadro", dirá Dalí… Sobre la tumba de su hermano había un ángel; toda su vida, Dalí hizo lo posible por ser su opuesto. Hacía falta entonces que se animara a todo tipo de locuras. Pero, a pesar de la distancia que quiso instalar ente ellos, este hermano continuó habitándolo toda su vida. Dali hizo incluso un retrato de su hermano muerto en edad adulta, entre los dieciocho y veinte años.

Carl Gustav Jung también nació después de dos bebés mortinatos y otro que solo vivió cinco días. Esta es la razón por la que a él también le interesó mucho el tema. Otro ejemplo es el psicoanalista Didier Anzieu, que nació un poco más de dos años después del nacimiento de una niña mortinata a la que nunca le pusieron nombre. "Mi hermana fue siempre pequeña para mí, porque murió al nacer. Por eso me llaman 'hijo único' aunque no sea el único hijo de la familia. En los hechos, no la conocí, y viví como hijo único. Pero mentalmente, el caso fue distinto. Esta hermana desaparecida, que había marcado el primer fracaso de mis padres, permaneció mucho tiempo presente en sus pensamientos y en sus palabras. Yo era el segundo, al que había que cuidar y proteger aún más, para ponerlo a salvo del destino desafortunado que le tocó a la mayor. Yo sufrí su miedo a la repetición. Yo tenía que sobrevivir a cualquier precio, para justificar a mis progenitores. Pero mi supervivencia era a sus ojos aleatoria. La más mínima indigestión, la más insignificante corriente de aire representaba una amenaza. Eso me ponía en una situación difícil, bastante particular. Tenía que reemplazar a una muerta. Y por eso no me dejaban vivir del todo"[48]. La madre de Didier Anzieu también era una "hija de reemplazo", había nacido después que otras tres hermanas. La que nació justo antes que ella, también llamada Marguerite, se acercó mucho al fuego

---

48. *Ibid.* y tomado como ejemplo por Benoît Bayle en *La Nouvelle Scène conceptionnelle: contribution à l'éthique de la procréation humaine*, tesis de filosofía práctica, Universidad de Marne-la-Vallée, 2003-2004.

con un vestido de organza y murió quemada viva. "Fue una conmoción atroz para los padres y las hermanas. Mi madre fue concebida para reemplazar a la difunta. Y como nació de nuevo una nena, le pusieron el mismo nombre, Marguerite. De alguna forma era una muerta-viva… No es casualidad que mi madre se haya pasado la vida multiplicando los medios para escapar de las llamas del infierno… Eso se llama vivir su destino, un destino trágico. Mi madre me habló de esto abiertamente sólo una vez. Pero yo lo sabía por la leyenda familiar. Su depresión proviene, creo, de ese rol insostenible. Lo había aplazado después del nacimiento de su beba muerta, implacable repetición del destino. Y mi nacimiento, exitoso, reactivó esa amenaza insoportable…".

Aparte de los problemas relacionados con la identidad, el hijo de reemplazo se enfrenta también al problema de la culpa. Si su hermano no estuviera muerto, él tampoco estaría vivo. En *L'Autre Fille*[49] (*La otra hija*), Annie Ernaux cuenta que sus padres le decían siempre que no tenían suficiente dinero para tener dos hijos. Un día, escuchó a su mamá decir a una amiga: "La otra se portaba bien". ¿Quién era esa otra? También recuerda que sus padres iban regularmente a llevar flores a una tumba. Descubrirá con el tiempo que, mucho antes de su nacimiento, sus padres habían tenido otra hija, muerta a los seis años de edad. Annie Ernaux, entonces, toma consciencia de que ella no hubiera nacido si su hermana estuviera viva porque sus padres no tenían los medios para tener dos hijas. "Hizo falta que murieras a los seis años para que yo viniera al mundo y me salvara", le escribió a su hermana.

En cuanto a la madre, cuando muere un hijo, está de luto; lo que André Green llama "la madre muerta"[50]. Cuando nace el

---

49.   Annie Ernaux, *L'Autre Fille*, Nil éditions, 2011. [En español: *La otra hija*, KRK, 2014; Cabaret Voltaire, 2023].

50.   «La mère morte » [1980], en *Narcissisme de vie, narcissisme de mort*, Éditions de Minuit, 1983, p. 222-253. [En español: "La madre muerta" en *Narcisismos de vida, narcisismo de muerte*, Amorrortu, 1999].

hijo siguiente, la madre todavía está "llorando" al hijo que se fue, sobre todo si este nacimiento pasó muy poco tiempo después de la muerte del niño. Dado que el trabajo de duelo toma entre uno y cinco años, lo ideal sería volver a tener un hijo después de este proceso, cuando uno se sienta preparado. Como hicieron los padres de Clara, una nena que murió a los dieciocho meses, que trabajaron con un terapeuta y un grupo de ayuda en Francia, llamado "socializar la ausencia"[51], antes de ser padres de nuevo.

Sin embargo, es importante no generalizar. No todos los hijos nacidos después de un hermano muerto son necesariamente "niños de reemplazo" ni hijos de una "madre muerta". Como lo subraya Anne Ancelin Schützenberger[52], el nacimiento de un hijo puede ser también una verdadera reparación porque "la vida vuelve con fuerza y con alegría".

HACER EL DUELO, UN TRABAJO NECESARIO

Pocas palabras para decirlo

Es común pensar que no hay palabras para describir el sufrimiento de una pérdida y del malestar que produce. La sociedad occidental, reconozcámoslo, no nos ayuda: nos exige que seamos dignos en el dolor, que no nos quejemos, que no estemos más tristes. En la época de nuestros ancestros, aunque no hablaran de sus emociones, se hacía un verdadero duelo que duraba un año[53].

---

51. www.apprivoiserlabsence.com

52. *Aïe, mes aïeux!, op. cit.*

53. Actualmente, en Francia la ley concede tres días de licencia a los empleados que han perdido a su cónyuge, padre o madre, hermano o hermana y quince días por la muerte de un hijo. [N. del T.: En Argentina, actualmente, se concede el derecho a tres días de licencia corridos por fallecimiento de cónyuge o conviviente, de hijos o de padres y un solo día por fallecimiento de hermano].

Se hablaba abiertamente de la muerte. Era costumbre tener una vánitas[54]. Hoy, ya no hablamos de la muerte, como si no existiera. Pero sea cual fuera la época, la expresión de las emociones, por lo general, se reprime. En particular cuando se trata del duelo de hijos muertos durante el nacimiento, o cuando son muy pequeños: antes las mujeres tenían muchos más hijos que ahora, y la mortalidad infantil era particularmente elevada[55]. En todos los casos, había un duelo, pero había que "ser digno y callarse".

Pero "¿no será que la represión de los sentimientos, el 'equilibrio' tranquilo y autocontrolado, que penosamente nos hemos impuesto y del que estamos tan orgullosos, solo representa, en realidad, un siniestro empobrecimiento y no un 'valor cultural' como nos hemos acostumbrado a considerarlo hasta hoy?", se pregunta Alice Miller[56]. Heredamos esa falta de trabajo sobre uno mismo de nuestros mayores. En su tiempo, este trabajo de acompañamiento no existía. El hecho de no elaborar un duelo deja cicatrices que "supuran". Según Fritz Perls, el creador de la terapia Gestalt[57], "las emociones inconclusas (*unfinished business*)" o los "agujeros emocionales en la historia de una persona" conducen a menudo a situaciones que es necesario elucidar para liberarse.

---

54.   Representación pictórica alegórica de la muerte que, generalmente, contenía en su composición un cráneo humano y objetos que representan la actividad humana y el tiempo que pasa (reloj de arena, vela, mapamundi...). [N. del T.: Vánitas del latín *vanĭtas*, vanidad, es decir, cualidad de vano, vacío, en el sentido de futilidad, fragilidad de la vida, brevedad de la existencia.]

55.   En Francia, 143 por mil a comienzos del siglo XX, contra 3,7 por mil actualmente (fuente INSEE).

56.   Alice Miller, *C'est pour ton bien – Racines de la violence dans l'éducation de l'enfant*, Flammarion, 2015. [En español: *Por tu propio bien: Raíces de la violencia en la educación del niño*, Tusquets, 2006].

57.   Enfoque terapéutico basado en la interacción constante del ser humano con su entorno.

Es interesante, por otra parte, notar que en español (como en francés) tenemos muy pocas palabras para hablar de este tema: "estar de duelo" (*être en deuil*) y "hacer el duelo" (*faire son deuil*). El inglés ofrece más posibilidades: se puede utilizar *to grieve*, *in grief*, *mourning*, *loss*, *bereavement*, *sorrow*, *to be bereaved* o incluso *to suffer a bereavement*. Observemos en este punto la diferencia entre estas dos expresiones que se utilizan en francés y en español: "hacer un duelo" indica que la persona doliente se compromete activamente a salir de ese estado, mientras que "estar de duelo" implica un estado pasivo, que imaginamos mucho más duradero. Uno puede incluso pasarse la vida de duelo, como mi propia madre a quien dediqué el libro *Sortir du deuil* (Salir del duelo), coescrito con Anne Ancelin Schützenberger: "A mi madre, que a los ochenta y tres años se dio cuenta de que nunca había hecho el duelo de su propia madre, fallecida cuando ella tenía dieciocho años". Hay que decir que esta muerte fue repentina e inesperada. Mientras estaban de viaje en el extranjero, fue mi madre quien descubrió el cuerpo de su madre en el baño del cuarto del hotel.

Aunque haya pocas palabras para expresar el duelo existen otras para expresar el enojo, la pena, todas esas emociones que genera una pérdida. Hace falta usar esas palabras, que nos escuchen decirlas, que nos entiendan y que podamos pronunciarlas sin que nos distraigan, nos cambien de tema o nos interrumpan. Porque el secreto y la negación arruinan el trabajo de duelo y eliminan el ritual.

Un duelo, tres pérdidas

Todas las pérdidas requieren de un duelo. "Todos tenemos duelos no realizados que se han ido acumulando con el paso del tiempo —escribimos con Anne Ancelin Schützenberger en las primeras páginas de *Salir del duelo*—. Conciernen tanto la muerte de un ser querido como con una ruptura amorosa, la pérdida de un amigo, del país de origen, de una casa, un empleo o una empresa, la llegada de la jubilación o la renuncia a un ideal profesional (por ejemplo, llegar a ser pintor, médico o ingeniero). También implican duelo la pérdida de una parte del cuerpo por enfermedad o como consecuencia de un accidente o, incluso, la desaparición de un animal doméstico".

El duelo también debe hacerse en el caso de un aborto espontáneo o de una interrupción voluntaria del embarazo; en efecto, es importante reconocer y cerrar el duelo que provocan estos acontecimientos dolorosos (volveremos a esta necesidad y a la forma de realizar ese duelo un poco más adelante). La pérdida también puede referirse, por ejemplo, a la muerte de nuestro terapeuta. Se trata, de hecho, de un verdadero duelo puesto que el psicólogo simboliza al padre o a la madre —o ambos— (transferencia); con demasiada frecuencia tenemos tendencia a restarle importancia. ("¡Ya vas a encontrar otro!" se suele responder a la persona que ha sufrido esta importante pérdida).

El duelo empresarial también es un verdadero tema que, no obstante, sigue siendo tabú. Como lo explica Jacques-Antoine Malarewicz, autor de *Petits deuils en entreprise* (Pequeños duelos empresariales)[58], sería más pertinente hablar de todas las situaciones de pérdida que ocurren regularmente en toda estructura profesional: la partida de un dirigente o una reorganización, una fusión, una compra, la discontinuación de un producto emblemático, un despido o incluso una sucesión de proyectos con los que uno se había comprometido y que se abandonan… son también duelos. Sin embargo, muy pocos supervisores se toman el tiempo de ritualizar estos pasajes. La empresa se ha vuelto inhumana, el tiempo y la duración ya no existen y los rituales como los brindis de despedida o las medallas de honor tampoco. Ahora bien, ante un duelo, el ritual permite compartir el sufrimiento con el grupo. "En lo que respecta al trabajo de duelo,

---

58.   Jacques-Antoine Malarewicz, *Petits Deuils en entreprise*, Pearson France, 2017.

el mundo de la empresa sufre una grave ceguera"[59], escribió Jacques-Antoine Malarewicz.

Notemos también el trabajo de duelo que debe hacerse cuando se pierde un miembro (brazo, pierna…) o el conjunto de las capacidades físicas. Este último fue el caso del físico Stephen Hawking, que padeció una variante poco frecuente de esclerosis lateral amiotrófica (ELA) que, conforme pasaban los años, le paralizaba el cuerpo cada vez más… Desde los veintidós años hasta su muerte, a los setenta y seis (sus médicos le habían dado ¡cinco años de vida!), vivió en duelo activo permanente. Toda su vida, dará batalla y continuará trabajando, viajando, dando conferencias en el mundo entero y escribiendo libros. Se casó y tuvo tres hijos. "La inteligencia es la capacidad de adaptarse al cambio", resumió brillantemente[60].

En el duelo, tampoco hay que ignorar la pérdida de lugares. Los lugares de vida están íntimamente ligados a quienes somos, y toda pérdida no elaborada funciona como un duelo inconcluso. Este es el caso de Nadine, de once años, y de su hermano, de nueve años, originarios de una familia *pied-noir* de Argelia[61]. Un día, sus padres los envían a Francia en barco con otros niños y les dicen que van a participar de un campamento *scout*. No les dicen que no volverán jamás. "Por su bien". Al mes siguiente, los padres se reúnen con ellos en Francia. A los cincuenta y nueve años, Nadine, siempre habitada por esta historia, recrea, en una sesión de psicogenealogía, su adiós a Argelia con una gran emoción. Recrea en una "viñeta"[62] la escena como debería haber

---

59. *Ibid.*

60. Para saber más sobre su vida, recomiendo la película *La teoría del todo* (*The Theory of Everything*), realizada por James Marsh.

61. *Pieds-noirs* o "pies negros" es una expresión que se refiere a los franceses de ascendencia francesa o europea que nacieron o residían en Argelia durante el período colonial francés entre 1830 y 1962. [N. del T.].

62. Como lo explica Anne Ancelin Schützenberger, "una viñeta es un psicodrama muy corto", que generalmente dura entre dos y cinco minutos.

ocurrido si sus padres le hubiesen dicho la verdad, lo que le permitió hacer simbólicamente el duelo de su tierra natal. Como sostenía con acierto Françoise Dolto, "somos seres simbólicos".

En todos los casos, se trate de la pérdida de un lugar, de una carrera, de un amor, utilizamos la misma expresión "hacer el duelo". Porque en todos los casos se trata de un duelo. Son tan traumáticos que "perdemos nuestra seguridad de base, las relaciones que tenemos con el mundo cambian y se vuelven frágiles"[63]. Porque el duelo no es una única pérdida, es una triple pérdida: la del objeto de amor, la de la seguridad y la de una parte de uno mismo; es decir, de lo que éramos antes de la pérdida (un marido contento, una madre feliz, un empleado seguro, una persona que se siente bien consigo misma, un niño sin preocupaciones…). Es un proceso complejo y a menudo lento que dura entre uno y cinco años; pasado ese tiempo, se considera un duelo patológico: la persona lo mantiene con el pretexto —sincero— de la fidelidad y la memoria.

A veces, las personas se rehúsan a hacer su duelo porque no quieren o porque tienen miedo de olvidar a la persona amada. Me acuerdo de esta mujer de unos sesenta años, que me la había derivado un fisioterapeuta porque la señora tenía mucho dolor de espalda. Nada la aliviaba. Venía de perder a su hija de cuarenta y cinco años por un cáncer fulminante, que se la llevó en menos de tres meses. Dejó tres hijos menores de edad. La abuela había decidido, entonces, instalarse en lo de sus nietos para ayudarlos, a ellos y a su padre, en lo cotidiano. Un día, después de haber tomado un turno por teléfono, me llamó para decirme que quería cancelar nuestra sesión porque "tenía miedo de olvidar a su hija". Yo la tranquilicé de inmediato, le aclaré que hacer el duelo no quiere decir olvidar. Hacer un duelo es aprender a

---

Ver *Le Psychodrame*, Anne Ancelin Schützenberger, Payot, 2003. [En español: *Introducción al psicodrama*, Aguilar, 1970.]

63. Anne Ancelin Schützenberger et Evelyne Bissone Jeufroy, *Sortir du deuil, op. cit.*

vivir de otra manera con la persona amada. Eso demanda más o menos tiempo, pero es fundamental para lograr vivir en paz con esta persona. En palabras de Christophe Fauré[64], "lejos de hablar de olvido o de 'dar vuelta la página', como suele hacerse, el duelo conlleva la auténtica promesa de la preservación del vínculo con la persona amada: es un camino cuya esencia misma es la de pasar de una relación exterior, 'objetiva' en lo cotidiano, a una relación interior, 'subjetiva', más allá de la muerte. Invita a integrar, en nuestra vida y en nuestro ser, la presencia íntima de la persona desaparecida, sin interrumpir el curso de nuestra vida, sin culpa ni sentimiento de traición".

Los trabajos de Kurt Lewin y Bljuma Zeigarnik sobre las tareas concluidas e inconclusas demostraron que uno repasa indefinidamente un trabajo inconcluso —Anne Ancelin Schützenberger nos compara con seres rumiantes— y que solo podemos dar vuelta la página una vez que la *Gestalt* (del alemán: la forma) se haya cerrado y encontrado la "buena forma".

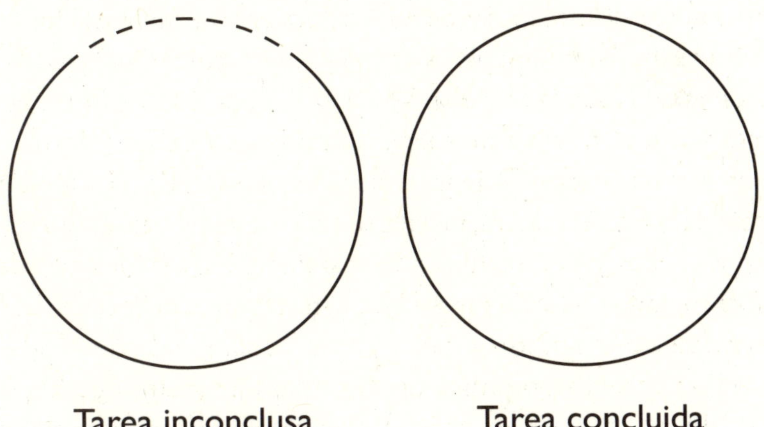

---

64. Christophe Fauré, « Les quatre étapes du deuil », lexpress.fr, 27 mars 2014. [Cf. en español: *Vivir el duelo: La pérdida de un ser querido*, Kairós, 2005].

Sin embargo, también hay que respetar la elección de las personas que no quieren hacer su duelo. Tengo en mente el ejemplo de esta mujer, heredera de un inmenso escritor argentino, cuya única misión era mantener viva y defender la obra de su difunto marido. Su vida, su razón de ser, fue siempre él. ¿Cómo podría hacer su duelo? Nótese que también puede haber condescendencia en el duelo: en ese caso se trata de una victimización.

Las diferentes etapas del duelo, del shock a la serenidad recuperada

Cada uno atraviesa el duelo a su manera. "Todo depende de cómo se haya construido el individuo, de la dificultad para vivir los primeros duelos de su existencia y del vínculo que lo unía al desaparecido", dice Marie Ireland, presidenta de la asociación *Jusqu'à la mort, accompagner la vie* (Hasta la muerte, acompañar la vida). A pesar de todo, hay en este recorrido estadios o etapas claves, como lo ha demostrado la doctora Elisabeth Kübler-Ross[65] (1926-2004), psiquiatra, madre de la tanatología[66] y pionera del enfoque de los cuidados paliativos para las personas en el final de la vida. Estas etapas no necesariamente se suceden, pueden superponerse o generar idas y vueltas —por ejemplo, el miedo acompaña a la mayoría de las etapas—.

Como lo muestra la curva inspirada en los trabajos de Kübler-Ross, que definió cinco etapas (negación, enojo, negociación, depresión, aceptación), el duelo se desarrolla en dos grandes fases: el descenso —que abarca hasta el estadio más bajo de la tristeza— y el ascenso.

---

65.   Autora de *On Death and Dying*, MacMillan, 1969, traducido al francés con el título *Sur le chagrin et le deuil*, Pocket, 2011. [En español: *Sobre el duelo y el dolor*, Luciérnaga, 2016].

66.   Ciencia y estudio de la muerte, que se sirve de numerosas disciplinas académicas como la medicina (en particular la medicina forense), la biología, la sociología, la teología, la literatura o incluso las artes plásticas.

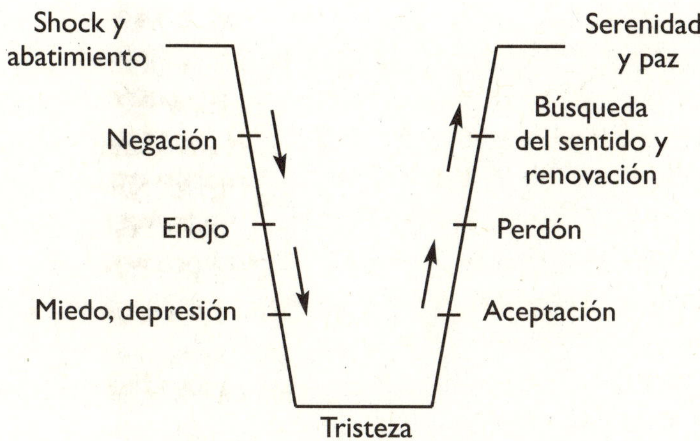

Curva de las etapas del duelo
(inspirada en los trabajos de E. Kübler-Ross)

Todo trabajo de duelo comienza por una pérdida. Si el momento de la pérdida no se percibe, uno no se puede comprometer con el trabajo de duelo. Enseguida viene la negación: esta etapa se siente tanto más fuertemente cuando el apego se rompe de manera repentina, inesperadamente ("No es posible, no yo, no ahora"); sigue el enojo, que puede ir de la queja acusadora a la furia ("No es justo", "No hay derecho"); luego el miedo, que puede ser puntual o global, por uno o por los otros. El mundo se presenta entonces como una fuente de peligros insuperables ("¿Qué va a ser de mí? ¿Cómo voy a poder hacerle frente?"); después viene la tristeza, que es una etapa difícil pero decisiva, ya que permite afrontar la realidad porque uno toma consciencia de que "lo que pasó, pasó" y que ya no hay nada más que hacer. Es el principio del ascenso, de la salida del *impasse*. La esperanza renace; empieza entonces la fase de la aceptación: "Es difícil, pero voy a seguir viviendo lo mejor posible". En esta tarea de aceptación, la persona que vive el duelo pasa a ocupar el primer plano, que antes ocupaba el objeto de duelo. Luego viene el perdón a uno mismo: se renuncia a la ilusión de la omnipotencia y se decide no dejarse invadir por la culpa. Después, cuando podemos, llega el perdón a los autores de la pérdida.

A estas etapas, el *coaching*[67] agregó la búsqueda de sentido y de renovación (etapa 8), luego la recuperación de la serenidad y la paz (etapa 9). En efecto, es fundamental encontrarle un sentido a nuestro duelo. Algunos lo encuentran en la creencia de la vida después de la muerte, otros en el recuerdo de los mejores momentos vividos con la persona fallecida, otros permaneciendo junto al ser amado hasta su último aliento, como este muchacho de catorce años que visitó a su madre en el hospital todos los días después de la escuela. También podemos escribir un poema, un libro, crear una asociación… "Si las pérdidas son parte de nuestras vidas, darles un sentido depende únicamente de nosotros", escribió un hombre que venía de perder a su hijo de doce años, atropellado delante de sus ojos por un auto que venía a toda velocidad. A causa de este accidente terrible, fundó un grupo para hacer bajar la velocidad en las calles de París a 30 km/h y hacer instalar cámaras. Dar sentido no borra el vacío que deja la pérdida, pero ayuda a reparar la angustia y el sufrimiento de la pérdida. Eso permite avanzar en lugar de quedarse estancado en el duelo, como lo hice yo durante veinte años con mi hija. Fue gracias a un trabajo de psicogenealogía que hice con Anne Ancelin Schützenberger que comencé a salir del duelo. Trabajo que continué con ocho años de terapia de grupo y de psicodrama. Luego pude escribir con ella un libro sobre el tra-

---

67.   *Coach*, del inglés americano, originalmente se utilizó para referirse exclusivamente al entrenador deportivo. A finales del siglo XX el uso del término sobrepasó este contexto, aplicándose también al ámbito empresarial y al desarrollo personal. El *coaching* es una nueva profesión, que se inició en los Estados Unidos hacia 1983. Consiste en el acompañamiento y el asesoramiento personalizado de un individuo, de un grupo o de una organización con el objetivo de mejorar sus competencias, impulsar el desarrollo profesional y personal, gracias a la ampliación de conocimientos y la optimización de los procesos y métodos de organización y de (auto)control.

bajo de duelo y hoy[68] acompaño a las personas para ayudarlas a hablar de sus pérdidas, seguir adelante y "renacer" diferentes.

La anteúltima etapa es la de la renovación o del "tesoro escondido", como la denominan algunos *coachs*. Se trata de reconocer y aceptar que el duelo permitió hacer cosas que no eran factibles en la situación anterior: "Gracias al duelo, pude… desarrollar un talento oculto, tener otras responsabilidades, aprender cosas nuevas…". Es el requisito previo a la serenidad, que brinda el acceso al nuevo apego. La persona que hizo su duelo ha hecho las paces con ese momento de la vida sin exceso de emociones. Vive en el aquí y ahora, y lo que le ocurre hoy tiene más resonancia que el ayer.

¿Cómo sabemos que hemos concluido el trabajo de duelo? Cuando no hay más exceso de emociones, cuando la cicatriz está limpia, no supura y no sangra más. Aunque invisible a los ojos, la persona amada permanece presente en nosotros, y ya no estamos tristes. La ausencia se convierte en presencia interior.

Cada duelo es único

Por supuesto, no todos los duelos se viven de la misma forma, cada uno lo hace a su manera. Además, otras emociones pueden sumarse a estas diferentes etapas del duelo. Así, la desaparición puede vivirse como un alivio, por ejemplo, si la persona estuvo muy enferma durante mucho tiempo o si fue violenta físicamente con su entorno —como en el caso de una persona alcohólica—. El alivio puede impactar pero este sentimiento, aunque tabú, es relativamente común, si le creemos a Christophe Fauré, psiquiatra y especialista en el acompañamiento de personas en duelo: "Se puede sentir un alivio legítimo cuando,

---

68. Evelyne Bissone Jeufroy falleció en febrero de 2024, estaba en plena actividad cuando escribió este libro en 2020 y así siguió hasta último momento [N. del T.].

por ejemplo, se termina la vida de un chico violento que cayó en el alcohol y las drogas sin que pudiéramos evitarlo. Lo mismo ocurre cuando se ha acompañado a un cónyuge enfermo durante años y la lucha contra la enfermedad se termina. No es que uno se sienta feliz por la muerte de estas personas, pero uno se da cuenta cuando fallecen que nos estaban devorando nuestra propia existencia[69]”. Algunos, aunque admiten su alivio, lo experimentan con culpa. Para la psicóloga Marie-Frédérique Bacqué esta culpa que sigue al alivio puede reactivar el “pensamiento mágico”[70] de la infancia, que nos hace creer que todo es posible si nos lo imaginamos y así nos hacemos creer que somos culpables de estas muertes.

Nótese también que, en ciertas familias, algunas emociones —tales como la tristeza o el enojo— están prohibidas. Estas emociones reprimidas dificultan el trabajo de duelo porque la persona nunca pudo expresarse del todo auténticamente. Antaño, la educación predisponía a las personas a superar sus angustias sin quejarse nunca. Sobreponerse, ir más allá de uno mismo, era un modelo de vida. Ahora bien, hoy sabemos que la expresión de las emociones es necesaria para integrar y superar una pérdida o un duelo, y para no transmitir a nuestros descendientes nuestro propio malestar relacionado con esta tarea inconclusa.

¿CÓMO HACER EL DUELO?

Hacer un duelo implica un compromiso activo con el objetivo de cerrar la herida. La persona en duelo se involucra con el

---

69. Citado por Christine Lamiable, «Ces morts qui nous allègent», 31 octobre 2019, psychologies.com

70. Jean Piaget tomó prestado este término de los trabajos de diferentes sociólogos, en particular Lucien Lévy-Bruhl, sobre el pensamiento primitivo, luego retomado por psicólogos y psicoanalistas.

proceso en busca de sufrir menos y de sentirse mejor. En este sentido, es aconsejable hacerse acompañar ya que es difícil que podamos hacer nuestro duelo solos. Tenemos necesidad de ser escuchados, comprendidos, acompañados con empatía por una persona formada para eso, por ejemplo, un terapeuta, un cura, una asociación… Cerrar un duelo es también fundamental para poder seguir adelante e involucrarse en un nuevo proyecto. No hay edad para hacer un duelo.

Poner en palabras

Como lo recuerda la psicoanalista Alice Miller: "no es el trauma en sí lo que enferma, sino la desesperación total, inconsciente y reprimida de no poder expresarse acerca de aquello que padecimos, de no tener el derecho de manifestar sentimientos de enojo, de humillación, de desesperación, de impotencia, de tristeza, de no tener ni siquiera el derecho a vivirlos"[71]. El duelo pasa, entonces, primero por la expresión de lo que sentimos y de nuestras emociones; hay que poder poner en palabras lo que vivimos.

Me acuerdo de la historia de una joven mujer cuyo hermano, depresivo desde hacía años, se suicidó tirándose bajo un tren. Vino a verme y me dijo que ya no podía concentrarse, que apenas llegaba a leer las cifras y las letras… En una sesión de dos horas y media abordamos todos los puntos importantes: las diferentes etapas del duelo, la culpa, el suicidio, sus padres… Ella y su hermano, originarios de provincia, trabajaban los dos en París y vivían en el mismo departamento. Tras el suicidio de su hermano, sus padres la mandaron a reconocer el cuerpo y ella quedó traumada. En el funeral les pidieron a ella y a sus hermanos que nunca más hablaran de su hermano muerto. Después de haber trabajado todos estos temas en la sesión, me

---

71.   Alice Miller, *C'est pour ton bien…, op. cit.*

llamó unos días más tarde y me dijo que andaba mucho mejor. Había decidido no mudarse del departamento que compartía con el hermano, pero decidió repintarlo y cambiarle los muebles. Como para empezar de nuevo. De hecho, ella solo necesitaba contar esta experiencia desgarradora que había quedado grabada en su cuerpo y en su mente. Hablarlo le permitió empezar su trabajo de duelo.

Esta historia nos ofrece la ocasión para decir algunas palabras sobre el suicidio, que es probablemente una de las experiencias más difíciles y desgarradoras para los familiares, ya que es una muerte teñida de culpa ("¿Qué fue lo que no hice/vi que hubiera podido salvarlo?"). Por otra parte, es una muerte que se acompaña poco porque, por lo general, se interpreta como un acto voluntario.

Ahora bien, como lo explicaba Françoise Dolto, la causa del suicidio es por lo general un sufrimiento psíquico intolerable que sobrepasa cualquier dolor físico. Es tan intolerable que la única salida parece ser la muerte. Por eso, el acompañamiento de este tipo de muerte requiere de una inmensa empatía por los sobrevivientes. También se puede dar sentido a este tipo de muerte participando de programas de prevención y de escucha para quienes quieren pasar al acto.

La importancia de los rituales

Cuando no se hizo el duelo, nunca hay que decirse que es demasiado tarde. ¡Porque no hay edad para hacer un duelo! En ese caso, se recurre a un duelo simbólico, que permite cicatrizar la herida gracias al rito. Me acuerdo de esta nena de cinco años que tenía tanto dolor de estómago que no podía ir a la escuela. Los médicos no le habían encontrado ninguna causa orgánica a su dolor, y le sugirieron que viera un psicólogo. Entrevistando a la madre descubrí que el dolor de la nena había aparecido al día siguiente de la muerte de su abuela materna, con quien tenía mucho apego. Su propia madre no podía hablar con ella de eso porque estaba muy triste. Y fue simplemente poniéndole palabras que la nena se pudo liberar del dolor. Juntas escribimos, a partir de su dictado, una carta a su abuela, que yo llamo "carta de alma a alma". De esta manera pudo decirle adiós a su abuela y cuánto la quería. Sus dolores de estómago desaparecieron al día siguiente y pudo volver a la escuela. En las siguientes entrevistas, la segunda y la última, le leí el libro para chicos de la doctora Catherine Dolto titulado *Si on parlait de la mort*[72] (Si habláramos de la muerte) y le conté un cuento de *Contes à guérir, contes à grandir*[73] (Cuentos que ayudan a crecer). Ella descubrió en ese cuento que "mantener el recuerdo cálido de alguien es seguir haciéndole existir en nosotros".

Para hacer un duelo, cada uno puede crear su propio ritual. En ocasión de un trabajo de psicogenealogía, Édith, de treinta y nueve años, me habla de su abuelo con lágrimas en los ojos. Me cuenta que cuando tenía quince años no pudo ir al entierro de este hombre a quien amaba como a un padre, apego que había forjado por haber vivido tres años con sus abuelos. Su madre se lo había impedido con el fin de "protegerla": "Te causaría demasiado dolor...", le dijo. En este trabajo Édith se da cuenta de que, al no haber podido despedirse de su abuelo, nunca pudo hacer el duelo. Durante los años siguientes no dejó de revivir el remordimiento. En el transcurso del trabajo de duelo realizado con la terapeuta eligió una alfombra marrón del tamaño de una tumba con un estampado de flores, y dijo: "Esta le iría muy bien, porque el marrón simboliza la tierra y las flores el hecho de que él era muy alegre". Delante de esta "alfombra-tumba" se puso a decirle adiós a su abuelo y a confiarle cuánto lo quería, llorando las lágrimas que no pudo derramar a sus quince años. Luego de este trabajo, Édith se siente al fin ligera, liberada del peso que le generaba esta tarea inconclusa.

---

72. Catherine Dolto et Colline Faure-Poirée, *Si on parlait de la mort*, Gallimard Jeunesse, 2019.

73. Jacques Salomé, *Contes à guérir, Contes à grandir*, Le Livre de poche, 2008. [En español: *Cuentos que ayudan a crecer*, La Máscara, 2002.]

Otro ejemplo, en este caso de tradición, que me parece interesante es el de los Jizō, en Japón. El Jizō es un *bodhisattva* (sabio budista) protector de los niños. Según la tradición budista, estas estatuas de piedra o de cemento honran las almas de los niños nacidos prematuramente (abortos espontáneos e inducidos) y las de los bebés que mueren a temprana edad. La *mizuko kuyō* o "ceremonia en memoria de los fetos" se ha desarrollado considerablemente desde la década del setenta con la creación de templos-cementerios específicamente destinados a este ritual. La palabra *mizuko* —literalmente "niño del agua"— se utiliza en japonés para referirse al feto sin vida. Hoy podemos comprar un Jizō por internet. Tiene el tamaño de un libro de bolsillo, las manos juntas en oración, los ojos entrecerrados y una sonrisa dulce. Concretiza la existencia del niño que pudo ser y cuya pérdida, salvo por los padres, nadie comprende. Ayuda a lidiar con la angustia de la separación y tiene, en cierto modo, una función catártica. Es un objeto transicional, concretiza algo que nos pasa, pero de lo que no podemos hablar; tiene una función tranquilizadora. Me acuerdo de una mujer que, luego del aborto espontáneo de su primer hijo, compró uno y lo colocó primero en su cuarto, después en el pasillo, después cerca de la puerta de entrada, después en el jardín. Este ritual le permitió desprenderse, poco a poco, de su pérdida, hacer aflorar su dolor para proyectarlo en un objeto concreto exterior.

Jizō tradicional

Cementerio Jizō en Tokio

Los rituales son, de hecho, particularmente importantes para los abortos espontáneos y los inducidos. En general, el entorno de la persona involucrada no entiende por qué la mujer está de duelo. "Sólo tenés que tener otro", le contestan a menudo en el caso del aborto espontáneo. Pero, aunque no se lo reconozca como tal, la pérdida de este niño es un verdadero duelo. El útero también está triste, porque su tarea queda inconclusa. El hecho de que este dolor no se pueda compartir lo hace tanto más injusto, cruel y difícilmente soportable. Respecto del aborto inducido, el caso es el mismo: las razones por las que se interrumpe el embarazo son múltiples y completamente personales. Aunque sea un acto "voluntario" siempre quedan rastros en el cuerpo. No es un acto neutro y puede transmitirse a sus descendientes. De ahí la importancia de trabajarlo, porque este acontecimiento está lejos de ser inocuo.

Los rituales de duelo en los casos de aborto ayudan a liberarse de un verdadero peso. Diane es una mujer de cincuenta y tres años, casada, con tres hijos, que vino a verme para hacer su genosociograma. Me cuenta que, a los dieciséis años, ignorante por completo de la sexualidad, queda embarazada de un compañero de clase. Al cuarto mes de embarazo se da cuenta de lo que le pasa y le avisa a la madre. Su hermana mayor, enfermera en un hospital, le saca un turno para que se haga un aborto sin siquiera preguntarle su opinión. Tiempo después, Diane se casa a los diecinueve años y sus padres le prohíben que hable del aborto a su marido. En sesión, dibuja en su árbol a este niño, un varón en rojo punteado, y le pone nombre. Yo le pido que le escriba una carta "de alma a alma". Entonces se deja caer en mis brazos y llorando me dice: "¡Yo no sabía que tenía este dolor! Si pudiera volver el tiempo atrás, tendría ese bebé y el hombre con quien me casara debería aceptarme con mi hijo".

El aborto nunca es un acto banal, aunque este acto haya sido elegido conscientemente y aprobado por el compañero o un familiar. En efecto, los traumas a largo plazo de los abortos pueden suscitar angustia, culpa y depresión. Si las mujeres no hablan al respecto es porque la sociedad las culpabiliza. En terapia suelen reconocer que se sentían muy solas en ese momento, aunque la familia haya estado presente. Es como la historia que cuenta Annie Ernaux en su novela *L'Événement*[74] (El acontecimiento): "Ese recuerdo no me abandonó nunca —explica en una entrevista[75]—. Representa en mi vida, como creo en la vida de muchas mujeres, ya sea antes o después de la Ley Veil de 1975[76], un acontecimiento en el verdadero sentido de la palabra, es decir, algo que ocurre y te transforma. A pesar de eso, un aborto se puede ocultar muy bien, el cual ha sido mi caso. Este tipo de acontecimiento, femenino por excelencia, que involucra la vida, como el parto, queda además oculto de nuevo, como si el discurso médico impidiera a las mujeres pensarse y decirse".

"Cada aniversario de la IVE[77] me ponía en un estado lamentable", reconoce una mujer que atravesó un aborto. Para hacer el duelo de este hijo, le escribió una carta a su bebé y le puso nombre. También es posible plantar un árbol. Una amiga mía que perdió tres hijos por abortos espontáneos antes de tener a su hija plantó tres árboles en su jardín. Cada uno de estos árboles tiene inscrito el nombre de los hijos que no conocerá jamás, pero que crecen como cada uno de sus hijos debería haberlo hecho. Hoy en día, numerosas asociaciones[78] en Francia acompañan a las mujeres y a las parejas que pasan por un aborto espontáneo o una IVE: son iniciativas que hay que fomentar para evitar sufrir,

---

74. Gallimard, 2000. [En español: *El acontecimiento*, Tusquets, 2000].

75. Entrevista en ocasión del lanzamiento del libro, en el sitio de la editorial Gallimard: www.gallimard.fr/Media/Gallimard/Entretien-ecrit/ Entretien-Annie-Ernaux-L-Evénement

76. La Ley Veil es la ley que despenalizó el aborto en Francia, promulgada el 17 de enero de 1975. Recibe su nombre por su impulsora, Simone Veil, abogada y política francesa. [N. del. T.].

77. IVE: interrupción voluntaria del embarazo. [N. del T.].

78. En este enlace figuran las direcciones: https://mieux-traverser-le-deuil. fr/ se-faire-aider/les-associations-qui-accompagnent-le-deuil-perinatal/

muchos años después, una depresión tan alejada del "aconteci-miento" que uno ya ni siquiera los asocia.

Un duelo imposible

También es importante cerrar los duelos "imposibles", los de personas desaparecidas de quienes nunca se encontró rastro. En su libro *¿Qué pasó con mi padre? El caso Branca contado por su hija*[79], Victoria Branca narra la desaparición de su padre, cuando ella tenía nueve años, durante las peores horas de la última y terrible dictadura militar argentina. Una vez adulta, a los treinta y cuatro años, reconstituye la vida de su padre hasta el día de su desaparición. El 28 de abril de 1977, a la edad de treinta y ocho años, Fernando Branca fue probablemente torturado y ahoga-do, porque, ese día, se subió al barco de uno de los torturadores argentinos más conocidos con quien tenía una relación de ne-gocios. Gracias a un largo e incansable trabajo de investigación de una veintena de años, Victoria compiló los intercambios que tuvo con todos los miembros de la familia de su padre y sus ami-gos, los diarios y las revistas de la época, los informes policiales, los interrogatorios y los registros judiciales. Cuenta, sobre todo, cómo es el duelo imposible de un desaparecido. Al principio, la espera con la esperanza de que vuelva un día; después, ese duelo que no termina nunca, porque el desaparecido no puede participar de los rituales que honran la muerte: el certificado de defunción, el ataúd, el funeral, la misa, los cantos, los arreglos florales, los pétalos que se echan sobre el ataúd, la lápida y el aviso en los diarios. No hay ningún rito, ningún gesto simbólico, ninguno de estos signos concretos que ayudan a hacer el trabajo de duelo y a cerrarlo. No se recibe ninguna palabra de consola-ción, y no se los puede visitar en el cementerio. Cada duelo que sigue reaviva el dolor y la herida que se abre de nuevo sobre esta

---

79.   Penguin Random House, 2020.

cicatriz que supura.

Luego de haber terminado su larga investigación, Victoria decide despedirse de su padre con un gesto simbólico. A orillas del delta, en la zona norte de Buenos Aires, habló con su padre de corazón a corazón y lanzó al agua una vela que se fue flotando. De esta manera creativa, pudo cerrar un duelo que se había prolongado indefinidamente. Pudo cerrar esta cicatriz profunda. Cuenta que, de esta manera, pudo recuperar cada parte dispersa de sí misma que había alejado de su alma inconscientemente y, al mismo tiempo, darle voz a la niña que fue.

3

ESAS "CICATRICES" QUE NOS VUELVEN PRISIONEROS

Lealtades inconscientes, mandatos repetidos desde la infancia, creencias limitantes, neurosis de clase… en ocasiones somos rehenes de una pesada herencia inconsciente legada por nuestros ancestros, rehenes de un destino que no es el nuestro y nos hace prisioneros, cautivos de la palabra de nuestros mayores y de las repeticiones que estas palabras engendran. El resultado: vidas arruinadas, porque los descendientes sufren en sus cuerpos este peso muerto que tienen que cargar y resistir.

LAS LEALTADES INVISIBLES

Ya hemos mencionado un poco más arriba el fenómeno de las repeticiones inconscientes que crean síntomas similares de una generación a la otra. Este fenómeno se explica por lo que llamamos "lealtades invisibles", que, llegados a este punto, conviene explicitar.

Una fuerza invisible que nos une a nuestra familia

El ejemplo típico de las lealtades familiares invisibles es el del estudiante brillante que, a pesar de su compromiso y de sus esfuerzos, falla en el examen que su propio padre nunca pudo aprobar. Como si una fuerza invisible le impidiera tener éxito ahí donde fracasó su padre, como si le obligara a ser fiel a su familia sin sobrepasarla, porque eso sería inconscientemente sinónimo de traición a su medio social. En efecto, el ascenso intelectual o social podría crear una distancia entre él y su familia. Esta lealtad familiar invisible a veces implica, de algún modo, un proceso de auto-boicot, que nos impide evolucionar en nuestra vida a nuestra manera. También nos puede impedir el éxito en el plano profesional o ganar más dinero que nuestros padres. Uno se prohíbe inconscientemente algunas cosas para ser fiel a su familia y seguir formando parte de ella. Es una cuestión de seguridad.

También es esta la razón por la cual, en algunas familias, las profesiones parecen transmitirse de padres/madres a hijos/hijas. "El ser humano tiene una 'memoria de elefante' —escribió Anne Ancelin Schützenberger— y los usos y costumbres del matrimonio, el nombre de los hijos, incluso la edad de la muerte y la elección de la profesión se transmiten de generación en generación de manera consciente y hablada: uno es a menudo agricultor, ingeniero, médico, profesor, escribano, panadero, militar o marino, de padre a hijo y, sin saberlo, a menudo nos casamos y nos morimos a la misma edad, a veces en la misma época del año o en la misma fecha. Muchas personas lo convierten incluso en un proyecto (consciente) o en una profecía (autocumplida), por lealtad familiar invisible (y trasmisión transgeneracional)"[80].

Este concepto de "lealtad invisible" fue creado por el psiquiatra estadounidense de origen húngaro Ivan Böszörményi-Nagy (1920-2007), que fue uno de los pioneros de la terapia familiar. Su libro *Lealtades invisibles*, publicado en 1973, aún sigue siendo la obra de referencia sobre este tema. Según el psiquiatra, el niño experimenta muy tempranamente un deber ético de lealtad para con sus padres y, a cambio, asume deudas invisibles procedentes de su historia. Todos los niños, de hecho, se inscriben desde el

---

80. *Aïe, mes aïeux!, op. cit.*

principio en una filiación, una línea, una pátina familiar que los va a construir. Se impregnan de forma inconsciente de maneras de pensar, de comportarse, de interactuar con los otros… "Aparte de los bienes materiales y de los rasgos físicos, heredamos, de nuestros padres y de nuestros antepasados, valores, visiones de mundo, modos de vida, una mentalidad, gustos, modos de interacción, de comportamiento, rasgos de personalidad, mecanismos de defensa, predisposiciones emocionales, misiones… Esta transmisión atávica, sea de origen ambiental y/o genético, hace que nos parezcamos, más o menos, nos guste o no", escribe Florencia Calicis[81]. El niño deviene entonces un eslabón de la historia familiar y la debe transmitir y perpetuar a su turno. A cambio, recibe un lugar en la familia, un apellido, una identidad, una educación, una pertenencia y la protección que trae aparejada. Los individuos de esta cadena están así vinculados por una deuda que se transmite de generación en generación para asegurar la perpetuidad del clan familiar.

Muy afortunadamente, algunos consiguen liberarse de esta lealtad inconsciente. Como este ingeniero, hijo de padre técnico de mantenimiento y de una madre obrera de fábrica. Miembro de una familia de seis hermanos —de los cuales ninguno pudo terminar el secundario—, le iba tan bien en la escuela que el padre le prohibió que hablara en la mesa, para que no acomplejara a sus hermanos. Después del secundario, deja a la familia para estudiar ingeniería en una universidad prestigiosa, que financia él mismo trabajando de barman y de chofer de camión durante el verano y haciendo trabajos ocasionales en invierno. Posteriormente, se incorporó a una gran empresa multinacional que valorará este excepcional recorrido.

Para desprenderse y liberarse de estas lealtades invisibles es importante, en primer lugar, tomar consciencia de ellas. Es la condición *sine qua non* para entender que somos seres únicos y

---

81. Florence Calicis, «Les héritages familiaux: comment faire avec nos loyautés? », *Cahiers de psychologie clinique*, 2014/2, n.º 43, p. 81-96.

singulares, responsables de cada uno de nuestros actos y de cada una de nuestras elecciones. Alejarse no necesariamente significa romper el vínculo, también puede significar hacer evolucionar el vínculo de otra forma.

El síndrome de aniversario y la repetición inconsciente

La lealtad familiar inconsciente nos puede llevar a repetir los mismos acontecimientos a las mismas edades o incluso en las mismas fechas: esto es lo que llamamos "síndrome de aniversario". Este síndrome se refiere en particular a las fechas de los traumas: la muerte de una persona amada, un accidente grave, un abuso, una violación...

"Repetir los mismos hechos, las mismas fechas o edades que conformaron la novela familiar es una manera de honrar a nuestros ancestros y de vivir leales a ellos", explica Anne Ancelin Schützenberger[82]. A partir de los trabajos de la médica y psicóloga estadounidense Josephine Hilgard (1906-1989) y en virtud de su trabajo con enfermos de cáncer en fase terminal, Anne Ancelin Schützenberger puso en evidencia este síndrome. Entre las décadas de los cincuenta y los ochenta, Josephine Hilgard demostró que el desencadenamiento de una psicosis a edad adulta podía estar ligado a la repetición familiar de un acontecimiento traumático. Según Hilgard, una "reacción de aniversario" puede producirse en una persona cuando su hijo/a llega a la edad a la que ella misma fue víctima de un trauma durante la infancia. Por ejemplo, una madre puede sufrir un brote psicótico cuando su hijo cumple los diez años, la edad que tenía ella cuando su padre se suicidó. Cita también el ejemplo de una madre que, cuando su hija cumple los seis años, desarrolla una psicosis, una neumonía y una pleuritis. Cuando ella misma tenía seis años, su padre había muerto de una pleuritis y de una

---

82. *Aïe, mes aïeux!, op.cit.*

neumonía con meningitis terminal. "La posibilidad de que se trate de una reacción de aniversario (…) se aprecia en el hecho de que los síntomas agudos aparecieron cuando su hija cumplió la edad que tenía ella cuando murió su padre, y en el hecho de que su neumonía y su pleuritis copiaron los síntomas que tuvo su padre durante su enfermedad terminal —escribe Josephine Hilgard—. A partir del momento en que abordamos su enfermedad actual como una repetición de algo que no había podido enfrentar de niña, hubo beneficios terapéuticos evidentes"[83].

En sus investigaciones, Anne Ancelin Schützenberger descubrió que un cáncer se desencadena a veces a una edad o en una fecha clave, la de la muerte de una madre o de un ancestro. Estudió en particular el caso de una joven de treinta y cinco años paciente de un cáncer en fase terminal. De visita en su casa, observó en la sala un cuadro que representaba una joven encantadora. "Es mi madre, murió a los treinta y cinco años de la misma enfermedad que yo", le respondió su anfitriona. Es así que Anne Ancelin Schützenberger hizo la asociación. Al igual que la joven que, recién entonces, cobró consciencia de que, por fidelidad inconsciente, estaba repitiendo la enfermedad de su madre y se preparaba para morir como ella. Es este caso prínceps[84] el que impulsó a Anne Ancelin Schützenberger a profundizar sus investigaciones sobre el tema…

Se dio cuenta entonces de que se encontraban los mismos tipos de "coincidencias" en otras enfermedades graves, accidentes, suicidios… Este descubrimiento le permitió, asimismo, comprender, en palabras de Anne Ancelin Schützenberger, por qué "algunas personas se angustian o se deprimen todos los años, en la misma época, sin saber por qué ni acordarse de que se trata del periodo aniversario de la muerte de una persona cer-

---

83.   Josephine Hilgard, «Anniversary Reactions in Parents Precipitated by Children», *Psychiatry*, vol. 16, n° 1, 1953.

84.   Hecho práctico que aporta un conocimiento, un enriquecimiento del saber.

cana —pariente o amigo— y sin poder establecer una relación consciente entre estos hechos repetitivos". Una de mis pacientes, por ejemplo, no entendía por qué, sin ninguna razón aparente, no se sentía bien desde hacía algunos días, ni por qué se vestía de negro… Hasta que le pregunté si estaba haciendo un duelo. Era el aniversario del fallecimiento de su marido, ocurrido once años atrás. Aunque "la cabeza" olvide la fecha del aniversario o la edad de la "pérdida del objeto de amor", "el cuerpo" no la olvida nunca: quedan huellas. Aunque creamos haber olvidado, el cuerpo recuerda.

Este síndrome de aniversario puede dar lugar a historias de coincidencias trágicas e increíbles. Un día, una mujer vino a consultarme para trabajar sobre el suicidio de su hijo de veinticinco años, para que no se repitiera. Su hijo había nacido el 14 de julio de 1990 y se había suicidado en el altillo de su casa el 29 de marzo de 2016. Fue enterrado el 31 de marzo de 2016. En este acontecimiento hacía eco el suicidio de su propio padre, que se había matado con un disparo en la sien, el 24 de julio de 1987. Su padre había nacido el 31 de marzo de 1938. Esta historia hizo emerger una extraña similitud de fechas: el 31 de marzo es el día del entierro de su hijo y el día del nacimiento de su padre. Julio es también un mes clave: el mes en que su padre se mató y en el que nació su hijo. Otro ejemplo impactante es el de John Lennon. Tenía dicisiete años y nueve meses en julio de 1958 cuando muere su madre atropellada por un policía ebrio, que nunca será procesado ni condenado. Cuando su hijo, Julian Lennon, tenía la misma edad, el 8 de diciembre de 1980, John Lennon muere baleado por un fanático desequilibrado y psicótico. En plena calle. Como su madre.

Vale la pena citar también la historia de Bernard Madoff. El 10 de diciembre de 2008, cuando los mercados financieros se desplomaban, este hombre de negocios estadounidense, presidente fundador de una de las principales sociedades de inversión de Wall Street, revela a sus dos hijos que realizó una enorme estafa financiera —la mayor estafa de la historia realizada por un solo hombre— que rondaría los 50000 millones de dólares y que destruyó muchas vidas (estudiantes, jubilados, familiares…). Luego de la confesión de su padre, los dos hermanos, impactados, se unen contra él, llaman al FBI para denunciarlo y cortan toda relación con él. El 12 de diciembre de 2008, Bernard Madoff es arrestado por el FBI. Su mujer Ruth, con quien se había comprometido a los trece años y se habían casado a los dieciocho, habla con lágrimas en los ojos de la "devastación de su familia y de miles de personas en el mundo". Por eso, la acosan y la acusan de complicidad. Su hijo mayor Mark le pide que se divorcie, pero ella no lo hace. Mantiene contacto con su marido por fidelidad. El 10 de diciembre de 2010, el día del segundo aniversario de la revelación de la verdad a sus hijos, Mark se cuelga. Hecho que causa el divorcio de Ruth, quien se arrepentirá "hasta su muerte" —según dijo— por no haber accedido al pedido de su hijo en su momento. Algunos años más tarde, en septiembre de 2014, al hijo menor Andrew, se lo lleva un cáncer del sistema linfático, a la edad de cuarenta y ocho años. Los dos hijos de Bernard Madoff estaban casados y tenían hijos. ¡Qué pesada herencia para ellos!

Estos periodos de aniversario corresponden casi siempre a momentos críticos de fragilidad extrema, momentos que Anne Ancelin Schützenberger llama "estrés de aniversario". "Mi madre murió a los treinta y cinco años, yo no voy a superar esa edad", se repetía durante toda su juventud la mujer paciente de un cáncer terminal de quien les hablé un poco antes. Cuando llegó a esta edad, desarrolló una depresión que debilitó su sistema inmunológico y probablemente favoreció por profecía autocumplida la aparición de un cáncer. De ahí la importancia de no operarse nunca cerca de estas fechas o edades claves, insistía Anne Ancelin Schützenberger. Hay que acordarse de estas fechas y evitar ponerse en situaciones de peligro potencial durante esos días, porque se está más expuesto a complicaciones postoperatorias. Ese fue el caso de Nadia: tenía que operarse, pero, afortunadamente, su cirujano se dio cuenta de su estado de gran nerviosismo, tanto que decide postergar la operación y pide al psicólogo del hospital que la vea. En la entrevista con el psicólogo, Nadia se dio cuenta de que la fecha prevista para la operación coincidía con el aniversario de la muerte de su padre, a quien adoraba, y que había fallecido hacía un año. ¿Quién sabe qué hubiera pasado si se hubiese operado ese día como estaba previsto? Esta teoría de la baja de las defensas inmunológicas en los aniversarios y de las complicaciones postoperatorias que pueden producirse fue probada también por el cirujano canadiense, el profesor Ghislain Devroede, en su hospital. El doctor le pidió a su secretaria que le hiciera la siguiente pregunta a cada uno de los pacientes que tenía que operar: "¿Cuál es la fecha de defunción de la persona fallecida que más quiso?". Al evitar operar en los días cercanos a esta fecha clave, obtuvo mejoras significativas en lo que concierne a las complicaciones postoperatorias.

Este tipo de estrés de aniversario, Laurent lo experimentó claramente. A los treinta años —cuenta él— se enfermó. Sabía que su abuelo y su padre habían tenido la misma enfermedad intestinal que él, colitis, a la misma edad. Estaba convencido de que no podía hacer nada contra eso y de que él también se enfermaría como ellos. Estaba tan seguro que, dos meses antes del día de su cumpleaños número treinta, dejó su departamento, renunció a su trabajo de vendedor, dejó de ver a sus amigos y se instaló en lo de su madre. Y, efectivamente, se enfermó, como su padre y su abuelo. Más tarde descubrirá, al realizar su genosociograma, y verificando las fechas, por pedido de la psicóloga, que no era a los treinta años que se enfermaron… ¡sino a los treinta y tres! Entonces se dio cuenta de que se había condicionado inconscientemente a revivir lo mismo que ellos. Durante su trabajo de psicogenealogía, descubrió que se enfermó por una profecía autocumplida. Entendió que repetía la enfermedad de sus parientes por fidelidad inconsciente. En la semana siguiente de este trabajo, empezó a tomar medidas para mejorar su vida cotidiana: como tomar los medicamentos por primera vez, lo que le hizo enormemente bien, y comenzó a trabajar con un psicólogo para profundizar su toma de consciencia. Rápidamente, recuperó el gusto de vivir y las ganas de ver a sus amigos. "En pocos días, hice más cosas que en mis dos años de enfermedad —confiesa—. Es el trabajo de psicogenealogía que desencadenó las decisiones que pude tomar y que me hicieron tan bien. Me revivió de la muerte: he vuelto a la vida". Justo como lo decía Anne Ancelin Schützenberger: "Uno se puede tejer una enfermedad a la edad que quiera"[85].

¿Cómo liberarse de este síndrome de aniversario? La toma de conciencia es la primera etapa y es imprescindible. Cuando se vuelve consciente, la repetición se detiene. Este fue, por ejemplo, el caso de Aurélie. Esta joven vino a consultarme hace algunos años porque tenía un cáncer y quería explorar su historia familiar y los acontecimientos que habrían podido desencadenar su enfermedad. Su padre, con quien tenía una relación muy cercana, había muerto el día de su cumpleaños. "Yo, que lo amaba tanto, cómo pudo arruinarme así todos mis cumpleaños", me confió desconsolada. Haciendo su árbol genealógico tomó consciencia de que su padre había perdido a su madre a la edad de dos años y que ella había nacido el día del aniversario de la muerte de su abuela. Estos hallazgos le permitieron, para su gran alivio, releer su historia de manera completamente diferente: de hecho, su padre había muerto en el aniversario del trauma que experimentó el día de la muerte de su madre por lealtad familiar inconsciente y no para "arruinarle" su cumpleaños. Esta toma de consciencia le permitió sentirse aliviada y su estado de salud mejoró aún más. Un año más tarde, su oncólogo le comunicó que estaba desde entonces fuera de peligro. Lamentablemente, esta noticia tuvo un efecto devastador. "Sentí que mi médico me soltaba la mano, que me abandonaba", me confió ella. Al mismo tiempo, el hospital donde trabajaba ante la necesidad de hacer recortes eliminó el puesto de su asistente, que era su mano derecha. Perdió entonces dos apoyos importantes al mismo tiempo. Su cáncer volvió y Aurélie murió algunos meses más tarde. Mientras escribo estas líneas, me digo que tendríamos

---

85. *Aïe, mes aïeux!*, op.cit.

que haber trabajado juntas sobre el abandono. Es muy posible que su padre se haya sentido abandonado cuando murió su madre. Probablemente, Aurélie revivió también este sentimiento de abandono no sólo de parte de su médico, sino también del hospital donde trabajaba. Se sintió sin apoyo en un momento de fragilidad y ese sentimiento fue fatal.

Vale decir que, por supuesto, el síndrome de aniversario no es una fatalidad y es perfectamente posible atravesar sin inconvenientes estos periodos de aniversario. Hace falta apoyo psicológico, y hacer una larga terapia después de haber realizado su genosociograma.

LOS MANDATOS: ESAS PALABRAS QUE NOS APRESAN

Los mandatos pueden tomar la forma de palabras que se transmiten a veces de generación en generación, que forman un corsé que nos aprisiona dentro de una serie de acciones que no hemos elegido. En este sentido, los mandatos son oraciones breves que limitan nuestras elecciones de vida. Imponen prohibiciones a vivir libremente y a desarrollarnos. Funcionan como mandamientos inderogables. "Si te casas con un extranjero, me matas en vida", le decía una madre cabileña a su hija. También le repetía: "La virginidad de la hija es el honor y la reputación de la familia". Otra decía a sus hijos: "La vida es un gran pastel de mierda, del que todos los días hay que comer una porción" o "La vida es un valle de lágrimas". Otra le repetía a su hija: "Nunca quise que nacieras" y "No tengan hijos". Otra madre les decía a sus hijos: "Tienen un solo derecho: el de callarse la boca". Un padre le decía a su hija que quería ser abogada: "A la facultad van las putas". Otro, cada vez que nacía una nena en su familia, decía: "Más carne para los leones".

Clémentine, durante toda su infancia, escuchó que su abuelo —agricultor como su padre— decía: "En la vida no se hace lo que uno quiere". Resultado: hoy su trabajo no le gusta, pero ella no siente tener el derecho ni la legitimidad de cambiarlo.

El mandato es fruto de una educación. Se convierte en una obligación, un requisito para ser aceptado y querido: nos encierra en un rol. El ejemplo más elocuente es el de los mandatos sobre la pareja y la sexualidad. En algunas familias, el sexo "es asqueroso". En realidad, eso está por lo general relacionado con una ausencia total de educación sexual. Me gustaría contarles, respecto de esto, una historia personal. Todos los lunes, una amiga argentina, Inés —de ochenta y nueve años, la mayor de once hermanos y madre de nueve hijos—, reunía a las mujeres de la familia para almorzar. Un día, sus nietas se pusieron a hablar de sexualidad. "Qué suerte que pueden hablar de eso —exclamó Inés—. En mi época, ¡no se hablaba! Sabíamos que existía, porque nuestros hermanos se gastaban nuestros ahorros en prostitutas… El día de mi casamiento, mientras me ponía el vestido, mi madre entró en el cuarto y simplemente me dijo: 'Hija mía, quiero hablarte. A partir de ahora, harás lo que tu marido te pida'". ¡Y eso es todo! En esas condiciones, ¿cómo no considerar el sexo como una cosa "asquerosa"?

Los mandatos pueden tener consecuencias importantes si se escuchan desde la primera infancia, porque nos moldean, y es difícil desprenderse de ellos. Un día, una médica oncóloga llamada Nélya vino a verme porque no podía tener hijos: tenía cuarenta y un años y ya había sufrido dos abortos espontáneos; me cuenta que su padre, barbero, le daba una importancia muy particular a los estudios y al trabajo. Les repetía constantemente a sus tres hijas: "La cabeza llena antes que los bolsillos llenos". En esta familia, no había lugar para el placer, ante todo había que trabajar. Sus tres hijas, además, habían tenido éxito en sus vidas profesionales: una de las hermanas de Nélya era ingeniera, la otra comerciante. ¿Pero a qué precio? Las tres trabajaban muchísimo —una de ellas incluso había sufrido un *burn-out* o síndrome de agotamiento— y sus vidas profesionales se vieron afectadas. Nélya me cuenta que el día de su último aborto espontáneo ni siquiera dejó de trabajar a pesar del malestar. Apenas se tomó algunos minutos entre consultas para ir al baño. El mandato paterno era tan fuerte que siguió trabajando, a pesar del dolor y del shock de la pérdida de ese hijo. "Mi segundo aborto espontáneo fue lo que motivó que viniera a verla", me confió. Trabajamos sobre su deseo de tener un hijo, sobre el lugar que quería darle. Toda la vida la habían felicitado por su coraje; le pregunté si a veces ese coraje no iba en contra de su deseo de ser madre. Para vivir su vida como ella quería, entendió que tenía que vivir de otra forma; decidió, entonces, ocuparse de ella misma reorganizando su rutina. Dos días por semana, tenía que estar totalmente disponible para el hospital y para las reuniones, y los otros tres días programó actividades que le gustaban después del trabajo: paseos a orillas del mar, zumba, yoga, pilates… Mientras escribo estas líneas, Nélya está embarazada de seis meses y se tomó licencia por maternidad. Está muy feliz de tener a su bebé, pero no es tan fácil para ella pasar del "hacer" al "ser".

Me acuerdo también del caso de este padre marroquí cuya hija trabajaba en la empresa familiar y a quien le repetía continuamente: "Trabajando conmigo, eres una reina; con otros, una sirvienta", "Cada vez que hagas algo, pensarás lo que tu padre piensa, te he creado una mentalidad", o incluso "Las mujeres son como un pote de yogur con fecha de vencimiento". El resultado: a los treinta y ocho años ya tuvo dos matrimonios completamente fallidos, cada uno de los cuales duró solo seis meses. Trabajando de lunes a domingo, se dio cuenta de que en realidad era la "sirvienta" de su padre. Se percató de que era indispensable para ella quitarse el yugo de su padre para vivir la vida que quería. Decidió cambiarlo todo y vino a trabajar su genosociograma. Renunció al trabajo con su padre y decidió irse durante un año de viaje. ¿Qué hizo el padre? Llamó a su hermano para que tomara las riendas de la empresa paterna, hermano que se había ido a vivir a Canadá donde había montado con éxito su propia empresa.

Otro ejemplo: el de Danielle, que vino a consultarme para encontrar una salida al malestar que le generaba su trabajo. Tenía el deseo de lanzarse, además de su empleo, en una actividad laboral independiente que la apasionaba, pero en el fondo estaba persuadida de que era imposible hacer frente a dos actividades a la vez, porque su padre le repetía desde que era chica: "No se hacen dos cosas al mismo tiempo. O se hace una o se hace la otra". Luego de liberarse de este mandato paterno, pudo negociar una media jornada en la empresa donde trabaja y empezar su nueva actividad. Me acuerdo también del caso de una mujer que tenía cuatro hermanos: durante toda su infancia, le escuchó decir a su madre: "Prefiero tener veinte varones antes que una mujer". "Me dolía todo el cuerpo cuando la escuchaba decir eso", me confiesa hoy. Vino para trabajar conmigo sobre su relación con su madre y sus hermanos, porque estaba siempre enojada con ellos y, al finalizar, nuestro trabajo logró reprogramar ese mandato de la manera siguiente: "Es lindo ser mujer, porque tenemos el poder de la ternura y amor para dar".

Es importante tomar consciencia de estos mandatos con el propósito de desprogramarlos para liberarse del impedimento que representan y poder al fin vivir su propia vida. Una vez que se actualizan los mandatos gracias al trabajo de psicogenealogía, se invita a la persona a escribirlos en una hoja y luego a elegir su "nuevo programa". Por ejemplo, el mandato que Josiane escuchó toda su infancia: "No hiciste más que lo que tenías que hacer, y muy modestamente", lo reprogramó así: "Te permites hacer lo que quieras, y con todo éxito". Para que el inconsciente la grabe, la oración de reprogramación tiene que ser positiva (sin expresiones negativas) y no debe decir simplemente lo contrario que el mandato.

Sin embargo, la desprogramación no siempre es posible, sobre todo cuando el mandato está demasiado profundamente arraigado. Me acuerdo de la historia de una mujer de cuarenta y cinco años, todavía virgen. Durante toda su infancia, su madre le repitió: "El honor de la familia depende de tu virginidad, no tendrás relaciones fuera del matrimonio". Ella, entonces, se tiraba al cuello del primero que venía, que huía al oír hablar inmediatamente de matrimonio. Un día, le pregunté: "¿Qué podría poner en duda este mandato, según su opinión?". Ella me respondió: "Nada, es un honor para mí ser todavía virgen".

Afortunadamente, no todos los mandatos son encorsetantes; algunos pueden ser positivos, incluso motivadores. "En la vida, hay que tener el coraje de saciar sus pasiones", decía un padre a sus hijos. Qué lema más hermoso, ¿no?

ESAS CREENCIAS FAMILIARES QUE NOS LIMITAN

Las creencias limitantes son las creencias que nos impiden avanzar, emprender, las que nos limitan en nuestro funcionamiento, en la aceptación del otro y las que nos hacen creer que no somos capaces de hacer ciertas cosas. Son todas esas frases cortas que uno se dice interiormente: "No lo voy a lograr nunca", "Es imposible para mí ser feliz", "No soy digno de…", "Nunca tomo las buenas decisiones", "Yo nunca tengo suerte", "Nunca voy a aprender". "Tus creencias se convierten en tus pensamientos, tus pensamientos en tus palabras, tus palabras se convierten en tus acciones, tus acciones en tus hábitos", decía Mahatma Gandhi.

Estas creencias nos vienen principalmente de nuestras experiencias pasadas, en particular de nuestros fracasos, pero también de nuestra educación y del legado de nuestra familia. Sin darnos cuenta, seguimos algunas de estas creencias sin cuestionarlas. Entonces nos limitamos a estas creencias, a lo que heredamos, y renunciamos a explorar otras posibilidades; es en este sentido que pueden ser limitantes. También pueden tener un efecto perverso: cuanto más las creemos, más intentamos encontrar pruebas para justificarlas y eso tiene por consecuencia que las reforzamos. Por ejemplo, la madre de Isabelle le decía a menudo, cuando era chica: "No hay que relajarse tomando sol". Hoy, esta creencia acompaña siempre a la joven y le genera problemas cuando está de vacaciones con sus amigas, porque no puede quedarse quieta y relajarse, aunque haya mejorado su creencia, en estos términos: "No hay que tomar sol por demasiado tiempo".

Otro ejemplo de creencia limitante: Aurélie y su marido Alain deciden hacer terapia de pareja porque discuten todo el tiempo. La terapeuta les pide que le cuenten un ejemplo de discusión. Le explican que hacen pollo bastante seguido en casa y que discuten cada vez, porque Aurélie piensa que hay que cortarle los extremos para que se haga bien, mientras que Alain piensa que hay que dejarlo entero para que salga jugoso. Como Aurélie recibió este consejo de la madre, la terapeuta le pide que, para la próxima, llame a la madre para preguntarle de dónde viene esta costumbre. La madre le explica que cortaba los extremos del pollo cuando eran jóvenes y pobres con su marido para hacerlos entrar en la única cacerola que tenían. Como fue una época muy feliz de sus vidas, en recuerdo de esos años y como un guiño a su marido, lo siguió haciendo toda su vida.

La buena noticia es que la creencia puede evolucionar. El ejemplo típico es el de papá Noel: un día, no creemos más. Es igualmente posible deshacerse voluntariamente de una creencia limitante reemplazándola por una creencia facilitadora. Eso es precisamente lo que propone la PNL[86]. El proceso es el siguiente: comience por identificar su creencia limitante. Luego encuentre las experiencias que la originaron. Luego, identifique lo que aporta la creencia: ¿qué emoción provoca?, ¿qué refuerza?, ¿le resulta posible desprenderse? La próxima etapa consiste en revivir las experiencias pasadas que originaron la creencia limitante para reinterpretarlas de manera diferente. Finalmente, la última etapa es la de la creación de una creencia facilitante destinada a reemplazar la creencia limitante.

Para terminar con este concepto, citemos el ejemplo de Manon, una joven que viene de una familia en la que nadie aprobó el secundario. Durante su infancia, toda su familia le repetía: "No serás capaz de aprobar el secundario". Pero ella lo aprobó. También le decían: "Nunca te vas a recibir de psicóloga". Y ella se recibió. "Fue mi revancha", me dijo. ¿Qué hizo la diferencia? ¿Cómo pudo superar esta creencia familiar fuertemente

---

86. La PNL (programación neurolingüística) es una batería de herramientas y de técnicas pragmáticas que tienen por objetivo mejorar las competencias relacionales y comportamentales.

arraigada? A esta joven la animaba una fuerza vital e instintiva extraordinaria y tuvo éxito a pesar de su familia. Eso nos lleva al concepto de resiliencia; yo, en cambio, prefiero hablar de niños "invulnerables" (concepto sobre el que volveremos más adelante).

LA NEUROSIS DE CLASE

Una interiorización conflictiva

Las lealtades familiares también pueden cobrar forma en lo que llamamos la "neurosis de clase". Este concepto está perfectamente ejemplificado en la vida y en la obra de la escritora francesa Annie Ernaux y más específicamente en sus novelas *Les Armoires vides*[87] (Los armarios vacíos) y en *La Place*[88] (El lugar). El padre de la autora empezó trabajando como peón rural antes de pasar a trabajar en una fábrica, como su mujer, hasta el día en que decidieron abrir un almacén-café-quiosco. La madre de Annie, que quiere otro destino para su hija única, decide inscribirla en una escuela católica privada. Annie Ernaux narra entonces su sentimiento de inferioridad en relación a este nuevo medio social y el desprecio de los burgueses para con las personas que no pertenecen a la misma categoría social. Ella no tiene los modales ni habla "como se debe". Pero es inteligente y se convierte rápidamente en la primera de la clase. Cuando la maestra hace preguntas a los alumnos, Annie, que conoce todas las respuestas correctas, levanta la mano y responde. Pero cada vez, la maestra la reprende: "No es así cómo se dice". "No hablamos nunca de eso, de la vergüenza, de las humillaciones —escri-

---

87.   Annie Ernaux, *Les Armoires vides*, Gallimard, 1974. [En español: *Los armarios vacíos*, Cabaret Voltaire, 2022].

88.   Annie Ernaux, *La Place*, Gallimard, 1984. [En español: *El lugar*, Tusquets, 2002].

be en *Les Armoires vides* (Los armarios vacíos)—. Se burlaban de mí, de mis padres. No era solamente la maestra. Las niñas… '¿De qué trabaja tu papá? Quiosquero, qué lindo, ¡debes comer muchos caramelos!' (…) Me siento pesada, pegajosa, frente a su comodidad, la facilidad, el desparpajo de las chicas de la escuela privada. (…) Me faltaba todo lo demás, todo lo que las rodea como un aura, la gracia, la cosa invisible, innata". También resume muy bien lo que es la neurosis de clase en este puñado de frases: "Tal vez nunca hubo equilibrio entre mis mundos. Estamos obligados a elegir uno como punto de referencia. Si hubiera elegido el de mis padres, no hubiera querido tener éxito en la escuela, no hubiera ido a la facultad, no quedaba otra que odiar bien toda la tienda, el café, la clientela de los miserables que dejaban siempre fiado". También escribió: "Extranjera de mis padres, de mi medio, a los catorce años no los quería ver más. Me odiaba a mí misma por no ser amable con ellos. Lo peor era que la clase, las chicas, tampoco eran mi verdadero lugar. Sin embargo, yo aspiraba a él con todas mis fuerzas".

El concepto de "neurosis de clase" lo acuñó, en 1987, el sociólogo clínico Vincent de Gaulejac[89] —fundador del Instituto Internacional de Sociología Clínica y profesor en la Universidad de París VII—. Mientras estudiaba en la escuela pública, rápidamente descubrió los desafíos de las clases sociales y de las pertenencias a tal o cual medio social. Por la partícula de su apellido ("de", prefijo de nobleza), los niños se burlaban de él y lo llamaban "el vizcondecito". Es así que empezó a interesarse por las pertenencias y las trayectorias sociales. También se inclinó por el estudio de la identidad: identidad innata, identidad adquirida e identidad heredada del proyecto parental (lo que nuestros padres quieren que seamos).

Muchos padres quieren, por supuesto, que sus hijos tengan éxito. Pero, al mismo tiempo, también desean que asuman su he-

---

89. Autor de *La Névrose de classe*, Payot, 2016 (reedición). [En español: *La neurosis de clase*, Sapere Aude, 2019].

rencia y que no rechacen la tradición familiar. Esta circunstancia es susceptible de generar una contradicción entre, por un lado, la preocupación por la lealtad a una determinada clase social y, por otro, el ascenso a otra clase. "El individuo —dice Vincent de Gaulejac— es el producto de una historia que busca protagonizar". La neurosis se manifiesta cuando existe un pasaje de una clase social a otra, "sentida como una traición a los padres, un alejamiento del medio de origen, una ruptura de la identificación"[90]. Se produce cuando uno no tiene los códigos del medio que integra, cuando uno asciende o desciende de medio social.

Vincent de Gaulejac eligió el libro *La Place* (El lugar) de Annie Ernaux como caso principal para ejemplificar su concepto. Cuando se publicó la primera edición de *La Névrose de classe* (La neurosis de clase), en 1987, le envió un ejemplar a Annie Ernaux, a quien no conocía personalmente. Ella le respondió con una carta testimonial que valida su trabajo y él decidió, con su consentimiento, agregarla como epílogo en las siguientes ediciones del libro. "Después de terminarlo, creo que ha hecho un estudio notable en general, y en lo que a mí respecta, muy acertado. El enfoque que adoptó me interesó mucho de inmediato, llenar el 'hueco' entre la sociología y el psicoanálisis, entender la manera en que lo social y lo histórico están representados en la historia individual", le escribió ella.

La "neurosis de clase" es un motor potente de trastornos transgeneracionales, suele generar "el doble vínculo[91] constante

---

90. «La névrose de classe de Bourdieu», Emmanuel Poncet, liberation. fr, 7 de febrero de 2002.

91. El doble vínculo (*double bind* en inglés, *double contrainte* en francés), a veces también llamado "mandato paradójico", es una situación en la que una persona está sometida a dos vínculos u obligaciones contradictorios o incompatibles. Esta teoría fue propuesta en 1956 por Gregory Bateson, uno de los fundadores de la escuela de Palo Alto. En el lenguaje, se manifiesta por el lenguaje paradójico, por ejemplo en la frase "Ahora, voy a estar más disponible, pero menos presente" u

en el que se involucran los humanos de las sociedades modernas, tironeados entre su necesidad de lealtad sociofamiliar y su deseo de crecimiento personal (para ellos mismos o para sus descendientes)"[92]. Otrora —en particular hasta la Revolución Francesa —, el orden social estaba definido y era inmutable. El individuo se identificaba con el rol que ejercía en la sociedad: era paisano, artesano, caballero, etc. Eso alcanzaba para darle un sentimiento de pertenencia y seguridad, aunque implicara cierta inmovilidad y la rigidez impuesta de una camisa de fuerza. En nuestras sociedades modernas, el individuo ya no tiene el estatus determinado de otras épocas, aunque la camisa de fuerza del proyecto parental sigue presente, particularmente en ciertas profesiones (escribano, abogado, ingeniero). De un tiempo a esta parte existen ascensos y regresiones sociales, cambios de ocupación y de lugar, que influyen sin duda en la personalidad de las personas que enfrentan movilidades, rupturas y conflictos difíciles de asumir. Este "malestar existencial" se convierte en una neurosis cuando se hace eco de conflictos más personales. Según Vincent de Gaulejac, "la neurosis de clase se caracteriza por la interiorización conflictiva de referencias que vienen de universos sociales distintos"[93]. Se manifiesta por los conflictos de referencias de las personas que cambian de clase social y que se sienten incómodos con la clase social a la que se integran. La crisis de identidad se desarrolla en los desfases que pueden existir entre la identidad heredada, la identidad adquirida y la identidad esperada. La "vivencia subjetiva queda marcada por sentimientos contradictorios (…) que

---

"Olvídese de todo lo que no sabe". [N. del. T.: La traducción española corriente, "doble vínculo", no comunica las connotaciones de la expresión original en inglés, ni en francés; doble atadura, doble restricción, doble obligación, doble compromiso].

92.   «Comment notre famille et nos ancêtres nous lèguent une névrose de classe», encuentro con Vincent de Gauléjac, Clés. Retrouver du sens, Dossier «Pourquoi avons-nous mal à nos ancêtres».

93.   *La Névrose de classe, op. cit.*

se observan en su relación con el trabajo, el dinero, el amor…", explica Vincent de Gaulejac.

Respecto de esto, me gustaría hablar de esta historia que vivió una de mis sobrinas en Buenos Aires. Una noche, iban a ir a la ópera con su marido pero, por unos imperativos profesionales, él no pudo liberarse. Mi sobrina invita entonces a la madre de la mejor amiga del colegio de su hija, que no había ido nunca a la ópera. Después de la función, le propone ir a comer a un restaurante cerca del teatro. Al momento de pagar, el camarero le dice que unos amigos también presentes en el restaurante esa noche, ya habían pagado la cuenta por ella. "Para la gente como vos, todo fue siempre muy fácil", exclamó entonces la joven mujer a quien había invitado. Lo que esta mujer no sabía es que mi sobrina perdió a su padre, a quien veneraba, en un accidente de auto cuando tenía nueve años, que su madre la crió sola con sus otros cuatro hermanos y hermanas, y que nunca se recuperó de la muerte de su padre… ¡Lejos estamos de la vida "fácil"! Esta anécdota ejemplifica bien los sentimientos contradictorios que pueden acompañar el pasaje de una clase social a otra.

Quiero referirme también al caso de David. Su padre trabajaba en mantenimiento y su madre en limpieza, ambos en la misma fábrica. Ninguno de sus hermanos ni hermanas hicieron carreras universitarias; David se recibió de médico. Se casó con una maestra, cuyos padres y abuelos eran también maestros. La familia política de David se burla a menudo de él y le reprochan sus modales en la mesa. Una de sus hijas me cuenta que, a la noche, mientras compartía la mesa con su esposa e hijos se ponía a leer el diario detrás del cual se refugiaba. "No crea que ese fue el único lugar donde esto le causó problemas", me dijo su hija. En el hospital, aunque tuviera las competencias, a David le rechazaron muchos ascensos porque no tenía "las maneras" y carecía de sentido político. En el trabajo le decían "oso mal lamido"[94]. Sus tres hijos fueron excelentes estudiantes, pero los

---

94.   N. del T.: *Ours mal léché* (literalmente "oso mal lamido") es una expre-

tres aceptaron puestos que no siempre estaban a la altura de sus diplomas, como si se degradaran ellos mismos porque no se sentían legítimos… Gracias a este ejemplo, queda claro que la "neurosis de clase" puede transmitirse.

Por supuesto, el hecho de salir de su propio medio y entrar en otro no necesariamente genera una neurosis, como lo demuestra el ejemplo de Víctor, psicólogo, procedente de una familia pobre de zapateros que no realizaron estudios. La madre le exigía siempre que fuera el primero de su clase, y le pegaban cuando salía segundo. Para huir de su madre, entró al seminario menor a los once años. Como era inteligente y muy buen alumno, los religiosos rápidamente se fijaron en él. Lo enviaron a Roma a los dieciséis años para realizar estudios superiores. Sin embargo, a los dieciocho años, decide dejar la Iglesia para estudiar psicología. Un día, organiza una fiesta de fin de año a la que invita a su medio universitario y profesional y a su familia. Una mala idea, al decir de sus amigos y de su familia, porque se sintieron todos incómodos, en particular su familia. Si bien él no sufre de "neurosis de clase", entendió que la confrontación de estos dos medios sociales tan diferentes es bastante complicada. Desde entonces, organiza dos fiestas de fin de año: una para sus amigos y colegas, y otra con su familia. Víctor salió muy temprano de su medio familiar y así pudo adquirir una formación intelectual sólida y códigos nuevos. Este no fue el caso, por ejemplo, de Manon (cf. p. 99), de quien les hablé antes, que "dejó" su familia a los dieciocho años cuando egresó del colegio, nivel de estudio que ninguno de los miembros de su familia, ni paternal ni maternal, había alcanzado. Hoy, Manon se siente fuera de lugar en todas partes. En el plano intelectual, se siente muy distanciada de su familia con la que no comparte ningún interés pero, al mismo

---

sión francesa que remite al hábito de los osos de lamer a sus crías para lavarlas o curarlas; en francés se utiliza para referirse metafóricamente a una persona mal educada, incluso grosera y/o desalineada.

tiempo, tampoco tiene los códigos de su nuevo medio social. De ahí el malestar que la habita.

¿Qué tiene que ver esto con la psicogenealogía? En el trabajo sobre el árbol genealógico es importante observar las trayectorias sociales. Por ejemplo, si venimos de un medio obrero o rural, convertirse en maestro constituye un ascenso social. Si venimos de una familia de abogados o de médicos, ser maestro puede vivirse como un descenso social. La neurosis de clase "no es el fruto directo de repeticiones, pero, efectivamente, no se la puede comprender salvo que pongamos en perspectiva nuestra historia particular con la historia familiar por varias generaciones. Una primera 'búsqueda genealógica de la vergüenza', orientada en torno de la trayectoria social, ofrece a los bisnietos de la neurosis de clase una clave para entender su historia. Es una etapa del análisis que permite poner al día conflictos ligados a desplazamientos sociales —explica Vincent de Gaulejac—. (…) Nunca es una repetición simple. Lo que se repite de generación en generación son las contradicciones no resueltas por los padres o los conflictos no resueltos. Pero no se repiten de la misma manera, porque nunca se encuentran exactamente en el mismo escenario: el contexto social cambia y el trabajo del sujeto en relación con su historia hace que las cosas evolucionen"[95].

Un camino de salida: la novela familiar

La "novela familiar" existió siempre y siempre existirá, porque permite inventarse una clase social reparadora y así corregir una realidad vergonzosa o dolorosa. Los niños abandonados, especialmente, se inventan una historia para llenar el vacío: ser el hijo o la hija de una princesa o de un rey permite compensar y reparar. Este fue el caso de Nora (cf. p. 44) a quien le habían dicho que su bisabuela había sido una "princesa etíope". Ella

---

95.   Vincent de Gaulejac, *La Névrose de classe, op. cit.*

descubrirá que efectivamente su bisabuela era de origen etíope, pero ninguna princesa. Su familia había adornado la historia, seguramente por vergüenza de la presencia de esa sangre, que ella consideraba impura, en su familia.

"Desde un punto de vista teórico, la novela familiar remite a un concepto desarrollado por Freud —explica Vincent de Gaulejac—. Freud había observado que los niños adoptados elaboraban un fantasma sobre sus orígenes. Imaginaban a menudo que provenían de una familia prestigiosa, que los habría abandonado por tal o cual razón. Según Freud, este fantasma permitía corregir la realidad. Uno idealiza su familia natural para soportar mejor su familia de adopción. El niño se dice: 'No importan las fallas, ¡ya que no son mis verdaderos padres! Por lo tanto, no tengo nada en contra de inscribir mi destino con el de ellos'. En efecto, como su nombre lo indica, la novela familiar es una construcción o una reconstrucción de la historia de una familia"[96].

Una de las novelas familiares más célebres en Francia es sin duda la del dibujante belga Georges Remi, conocido como Hergé (1907-1983). Hergé relató su novela familiar indirectamente *mediante* las aventuras de su personaje estrella, Tintín. A principios de los años ochenta, en *Tintin chez le psychanalyste*[97] (Tintín en el psicoanalista), Serge Tisseron planteó la hipótesis, en virtud del análisis de la obra del dibujante, de que existía en la familia de Hergé un secreto bien guardado: su abuelo paterno habría sido un hombre ilustre y quizás incluso el rey de los belgas en persona, Leopoldo II (conocido por sus aventuras extramaritales). Unos años después de la publicación de esta hipótesis, unos periodistas descubren que efectivamente el

---

96. «Comment notre famille et nos ancêtres nous lèguent une névrose de classe», encuentro con Vincent de Gauléjac, Clés. Retrouver du sens, Dossier «Pourquoi avons-nous mal à nos ancêtres».

97. Serge Tisseron, *Tintin chez le psychanalyste*, Aubier, 1985.

padre de Hergé, Alexis Remi, era hijo de padre desconocido[98]. Tenía un hermano gemelo, Léon. Su madre, Marie Dewigne, trabajaba en un castillo para la condesa Hélène Errembault de Dudzeele. Todos los años, María recibía una suma de dinero destinada a la crianza de sus hijos, lo que hacía sospechar que el padre era un hombre rico. Los dos chicos estaban siempre bien vestidos y pudieron estudiar hasta los catorce años, circunstancia excepcional para la época. Cuando los niños tenían once años, la condesa casó a su mujer de cámara con un obrero, Philippe Remi, que dio su apellido a los dos muchachos y sobra los obligó, entonces, a cambiar de nombre de familia en la escuela.

Cuando Hergé hacía preguntas sobre su misterioso y rico abuelo, siempre le daban respuestas parciales y evasivas. Hizo también una lectura clave, que reforzó sus dudas: *Sans famille* (Sin familia) de Hector Malot. El héroe se llama Rémi: separado de sus padres de origen noble, fue criado por una familia pobre. Rémi tiene un hermano, llamado Alexis, y una hermana, Lise. Los padres de Hergé se llamaban Alexis y Lisa…

Unos años después de *Tintin chez le psychanalyste*, Serge Tisseron publica *Tintin et les secrets de famille* (Tintín y los secretos de familia), donde profundiza todavía un poco más este secreto. En este segundo libro demuestra cómo cada personaje de *Aventures de Tintin* (Las aventuras de Tintín) tiene su propia simbología, pero también representa un miembro de la familia de Hergé. En efecto, Hergé criado desde su más tierna infancia bajo el peso de un secreto de familia, ha dejado en su obra numerosos trazos inconscientes de sus interrogaciones. ¿Por qué, por ejemplo, Dupond y Dupont (en la versión en español: Hernández y Fernández), que son gemelos, no tienen el mismo apellido? Según la propia confesión de Hergé, estos dos personajes representaban a su padre y a su tío, Alexis y Léon: ambos usaban bigote y se vestían de manera idéntica; no salían

---

98.   Pierre Sterckx et Thierry Smolderen, *Hergé: portrait biographique*, Casterman, 1993.

nunca sin un sombrero de paja o un bombín y un bastón o un paraguas. ¿Por qué el antepasado del Capitán Haddock habría recibido el Castillo de Moulinsart de manos de Luis XIV, si no fuera porque es, en realidad, un hijo oculto del rey? ¿Por qué encontramos tan seguido las letras K, A y R en los nombres de personajes? (Kar significa rey en Syldavia, país imaginario del *Sceptre d'Ottokar* [El cetro de Ottokar]). ¿Por qué la Castafiore habla sin parar, pero es incapaz de decir los nombres correctamente (lo que sería "característico de una persona que quiere guardar un secreto")? Por otra parte, ¿por qué canta regularmente "l'Air des bijoux" (el aria de las joyas) del *Fausto* de Gounod, que trata de una sirvienta enamorada de un noble? Tintín, Haddock y Tournesol (Tornasol, en español) serían en realidad "las tres facetas de la personalidad de Hergé lidiando con la identidad de su padre —explica Serge Tisseron—: el hijo nacido de padre no reconocido que decide resolver todos los enigmas y reparar todos los errores; el que desespera y se entrega a la ira y al alcohol; y el que decide no esperar más respuesta a sus preguntas, que hace oídos sordos al mundo y encuentra sus respuestas en el único campo donde la verdad es un deber: la ciencia"[99]. Las primeras investigaciones de Serge Tisseron fueron convalidadas por el propio Hergé apenas pocos meses antes de su muerte. Estas investigaciones se publicaron luego en 1983 en un artículo titulado "La question du père dans les aventures de Tintin" (La cuestión del padre en las aventuras de Tintín). Pero la verdad sobre este secreto de familia, bien guardado, en realidad nunca se confirmó.

Terminemos este capítulo con la contratapa de la novela de Régis Jauffret (Papá) publicada recientemente y que aclara, de manera brillante, lo que puede ser la novela familiar. "El 19 de septiembre de 2018 veo, en un documental sobre la policía de Vichy, a mi padre saliendo esposado entre dos gestapistas del edificio marsellés donde pasé toda mi infancia. Ellos parecen

---

99. Serge Tisseron, *Tintin et les secrets de famille, op. cit.*

alegres, pero la cara de mi padre expresa terror. Según el comentador, estas imágenes fueron filmadas en 1943. No sólo mi padre nunca en su vida habló de este incidente, sino que nunca oí a nadie decir que mi padre se hubiera enfrentado con los ocupantes nazis. Yo, el novelista, el narrador, el inventor de destinos, de repente tengo la sensación de haber sido concebido por un personaje de novela". Régis Jauffret nunca tuvo ningún vínculo con este padre sordo y bipolar, nunca compartió nada con este hombre "aniquilado que no existía socialmente". Sin embargo, según declaró en un programa de la radio *France Culture*, en virtud de este hallazgo: "me inventé un día magnífico con mi padre. Es mi trabajo, soy novelista. Este libro no es otra cosa que la verdad. Cuando mentimos y decimos que mentimos, decimos la verdad". Qué definición más hermosa de la novela familiar.

La novela familiar nos enseña finalmente que, si no podemos cambiar nuestro pasado, podemos modificar la relación que tenemos con nuestra historia, es decir el efecto que tiene el pasado en nosotros y la forma en que nos habita. En este sentido, nos convertimos en actores de nuestra historia en lugar de padecerla. Este es también el propósito del trabajo de psicogenealogía.

4

LIBERARSE DE LOS MALES DE NUESTROS ANCESTROS Y REPARARSE

Lo hemos visto a lo largo de los capítulos anteriores: desde que llegamos al mundo, algunos de nosotros cargamos con una pesada herencia que puede crear malestar tanto físico como psicológico. Esta herencia está compuesta de los traumas no gestionados de nuestros ancestros, de sus duelos inconclusos, de las lealtades invisibles que nos encadenan, de creencias y de mandatos transmitidos de generación en generación… Para vivir nuestra propia vida, primero hay que tomar consciencia de todo esto, entender lo que nuestros antepasados nos han legado y devolverles lo que les pertenece. El trabajo transgeneracional es uno de los medios más poderosos para liberarnos y repararnos.

LOS NIÑOS "INVULNERABLES", LOS QUE PUEDEN SOPORTARLO TODO

Empecemos con una nota optimista: no porque uno venga al mundo en un contexto familiar difícil está condenado a no salir adelante. Esta noción, por supuesto, nos hace pensar en el concepto de resiliencia, introducido en Francia y ampliamente popularizado por Boris Cyrulnik. Pero hay que darle al César lo que es del César. En realidad, la resiliencia fue descubierta y acuñada por psicólogos estadounidenses en los años setenta. En esa época, cansados de trabajar solo en casos disfuncionales, se interesaron por todos esos niños que tuvieron infancias caóticas, que vivieron situaciones traumáticas y que deberían haberse hundido, pero que lograron salir a flote. Para darle nombre a este concepto, se inspiraron en el metal, que es *resiliente* (del latín *resilio*), es decir que recupera su forma después de haber recibido golpes. El dramaturgo y diplomático francés Paul Claudel, hermano de Camille Claudel, escribió, por otra parte, en *L'élasticité américaine* (La elasticidad estadounidense): "Hay en el temperamento americano una cualidad que allá se traduce con la palabra *resiliency*, para la cual no encuentro en francés una equivalencia exacta, porque reúne las ideas de elasticidad, de resorte, de recurso y de buen humor"[100].

Este término de resiliencia me toca particularmente de cerca, probablemente debido a mis orígenes argentinos. En este país, constantemente atravesado por crisis a menudo graves, las personas encuentran recursos para enfrentar situaciones de gran adversidad. En Argentina, ¡la resiliencia debe practicarse durante largos periodos y a veces durante años! Por mi parte, yo prefiero el término de niños "invulnerables", introducido en Estados Unidos por Fritz Redl en 1969, quien también acuñó el término *ego resiliencia*. En agosto de 2003, en un artículo del diario *Le Monde diplomatique* (en el marco de una serie intitulada "Ces mots qui polluent la pensée" [Esas palabras que contaminan el pensamiento][101]), Serge Tisseron denunciaba "el extraordinario entusiasmo que tiene hoy Francia por este concepto". Y prosigue: "La resiliencia, que en Estados Unidos es una virtud social asociada al éxito, se ha convertido en Francia en una forma de riqueza interior... Ya no se trata, como en la versión estadounidense, de orientar su vida para tener éxito, sino de "buscar la maravilla"[102] o incluso de "cultivar el arte de

---

100. Paul Claudel, *Œuvres en prose*, Gallimard, coll. «La Pléiade», 1965.

101. Serge Tisseron, «"Résilience" ou la lutte pour la vie», *Le Monde diplomatique*, agosto 2003.

102. Serge Tisseron precisa en nota al pie que se trata de una expresión

resurgir"[103]. No obstante, a pesar de estos seductores adornos, el producto sigue siendo el mismo". Tisseron sugiere también utilizar este concepto de resiliencia con la mayor de las prudencias: "En el campo de la resiliencia psíquica a los traumas, todo siempre puede cambiar drásticamente y de manera imprevisible, especialmente bajo el efecto de una experiencia existencial como el fallecimiento de un familiar, la separación de un ser querido o incluso una simple mudanza. La 'resiliencia' es tal vez bella como una perla, pero nunca es sólida. Sin embargo, el problema reside en el hecho de que siempre tenemos tendencia a considerarla como un hecho consumado, o por consumar".

Volvamos a estos niños invulnerables. Un artículo publicado en 1976, en el *International Herald Tribune*, se refiere a estos "chicos que pueden soportar cualquier cosa"[104]. La periodista Eleanor Hoover cita especialmente el ejemplo de un chico de diez años, llamado Michael. La madre es esquizofrénica, el padre está preso y la hermana mayor vive en un centro para personas con discapacidad mental. Desde que nació, se desarrolló en este universo pobre y caótico y "no hubiera sorprendido a nadie —escribe Eleanor Hoover— que se convirtiera en un sinvergüenza, un delincuente, un esquizofrénico o peor". Sin embargo, sus profesores lo describen como a un chico encantador, inteligente y muy querido por todos. Michael es un buen estudiante y un líder natural. En el artículo se cita también el ejemplo de Eleanor Roosevelt. Criada en una familia acomodada, pierde a su madre a los ocho años y a su padre, alcohólico y drogadicto, dos años más tarde. Quedará a cargo, junto con su hermano,

---

de Boris Cyrulnik en *Un merveilleux malheur*, Odile Jacob, 1999. [En español: *La maravilla del dolor*, Granica, 2005].

103. Serge Tisseron precisa en nota al pie que se trata del subtítulo de la obra de Rosette Poletti y Barbara Dobbs, *La Résilience*, Jouvence, 2001. [En español: *La resiliencia. El arte de resurgir a la vida*, Lumen, 2005].

104. Eleanor Hoover, «Invulnerables - Kids Who Can Take Anything», *International Herald Tribune*, 23 de febrero de 1976.

de su abuela materna y crecerá en un ambiente desprovisto de afecto. Tímida y acomplejada, conoció al futuro presidente de los Estados Unidos, Franklin Delano Roosevelt, y se convirtió en la primera dama de los Estados Unidos, papel en el que se involucró muy activamente.

En este sentido se llevaron a cabo diversas investigaciones en los Estados Unidos en la década de los setenta, especialmente por el Dr. Norman Garmezy —psicólogo de la Universidad de Minnesota— y su equipo para entender por qué estos niños pudieron salir adelante a pesar de sus desastrosos entornos genéticos y psicológicos. Durante mucho tiempo, los psicólogos se interesaron por las personas que se sentían mal y no por las personas que estaban bien. Estudiando el caso de los hijos de padres esquizofrénicos, el Dr. Garmezy se dio cuenta de que, a diferencia de lo que generalmente se cree, la mayoría de estos niños estaban bien. Además, como señala, los estudios se construían al revés, partiendo del adulto para remontarse a la infancia y no interesándose primero por los niños. "Este método es forzosamente engañoso", sostiene. Otro punto importante, señala ahora Arlene Skolnick —psicóloga de la Universidad de Berkeley—: la teoría de la época era que los padres eran la causa de todo lo que les pasaba a sus hijos, desde la esquizofrenia hasta los malos resultados escolares. "La otra hipótesis —explica en el mismo artículo del *International Herald Tribune*— era que todas las cosas traumáticas que les suceden a los niños son siempre perjudiciales. Sin embargo, esto no es necesariamente cierto". Todos estos factores explican por qué, durante mucho tiempo, no se prestó atención a estos niños.

Investigadores del Instituto de Desarrollo Humano de Berkeley, que siguieron a un grupo de niños desde la adolescencia hasta los treinta años, demostraron que los más exitosos eran con frecuencia los que habían tenido una infancia difícil. "Fue una sorpresa total", dice Arlene Skolnick, porque las predicciones resultaron equivocadas en dos tercios de los casos. ¡Una verdadera paradoja! "Los que tuvieron una infancia sin problemas parecen alcanzar su apogeo a los dieciocho años y viven una vida adulta a veces perturbada, mientras que los que fueron más perturbados durante la juventud son más capaces de orientarse más tarde", prosigue la psicóloga. Aunque los niños invulnerables no son todos intelectualmente brillantes, todos tienen algo en común: esa fuerza que los impulsa a avanzar, esa tenacidad para triunfar. Siempre intentan controlar activamente su entorno, tienen la costumbre de arreglárselas con poco o nada y resolver los problemas solos. En vez de echarles la culpa a los otros, asumen la responsabilidad de salir adelante. Julius Segal[105] enumeró los cinco medios psicológicos que nos permiten a todos cultivar la resiliencia: desarrollar la comunicación, tomar iniciativas relacionales, no ceder a la culpa, dar sentido a los acontecimientos que experimentamos y, finalmente, establecer vínculos con quienes vivieron dificultades similares. Boris Cyrulnik agrega un punto importante: el hecho de que alguien se interese por nosotros, crea en nosotros, nos tenga confianza.

Este fue el caso, por ejemplo, de Albert Camus. Camus nació en 1913 en una granja argelina, quedó huérfano de padre cuando tenía apenas un año —su padre murió en la guerra— y fue criado en la más extrema pobreza por una madre analfabeta e hipoacúsica y una abuela de carácter muy fuerte que decidía todo en la casa. Luego de haber recibido el Premio Nobel de Literatura en 1957, Camus le agradece a su maestro de la escuela, Louis Germain, que había visto su potencial y lo había impulsado a seguir sus estudios a pesar de la reticencia de su abuela —ella también analfabeta—. En una hermosa carta, le escribe esto: "Sin usted, sin esa mano cariñosa que le tendió al niño pobre que fui, sin su enseñanza, y su ejemplo, nada de esto hubiera ocurrido. No me hago un mundo de este tipo de reconocimientos. Pero al menos me da la oportunidad de decirle lo que ha sido, y sigue siendo para mí, y de asegurarle que sus esfuerzos, su trabajo y el corazón generoso con el que lo hace

---

105. Julius Segal, *Winning Life's Toughest Battles. Roots of Human Resilience*, Mac Grow Hill, 1986.

están siempre vivos en uno de sus pequeños escolares que, a pesar de la edad, no ha dejado de ser su agradecido alumno".

El 4 de enero de 1960 —algunos días después de haber festejado el año nuevo en su casa de Lourmarin con su mujer, sus hijos, sus amigos Janine y Michel Gallimard (sobrino del editor Gaston Gallimard) y la hija de la pareja, Anne— regresa con sus amigos en auto a París, mientras que su esposa y sus dos hijos vuelven en tren. Esa madrugada, el auto derrapa y sale de la ruta: choca primero con un árbol y después con otro. Albert Camus muere en el acto; Michel Gallimard, gravemente herido, muere seis días más tarde; solo Janine y Anne Gallimard se salvan, con algunos golpes y rasguños. En el baúl del auto, se encontró el manuscrito de una novela sin terminar, *Le Premier Homme* (El primer hombre). En las primeras páginas había escrito una dedicatoria a su madre analfabeta: "A vos, que nunca podrás leer este libro". "La totalidad de su obra da testimonio de esta rebelión arraigada en una fidelidad a sus orígenes sociales —escribe Vincent de Gaulejac en *Les Sources de la honte* (Las fuentes de la vergüenza)—. Pero esta fidelidad no es blandida como un estandarte, es discreta, terca, sin ostentación: 'Hay que ser fuerte y feliz para ayudar a la gente en la desgracia', escribe en sus cuadernos, expresando así solidaridad con su infancia. Sus orígenes sociales están en los fundamentos de su compromiso como periodista, militante y sobre todo como filósofo"[106].

Otro ejemplo célebre de niño invulnerable es el de Charlie Chaplin. Chaplin nació en Londres el 16 de abril de 1889; hijo de padres artistas de *music-hall*, el pequeño Charlie Spencer Chaplin creció en la pobreza y las privaciones. Su madre, que padecía de una enfermedad mental, lo crio sola mientras su padre se hundía en el alcoholismo. En la infancia, desarrolló una pasión por la música y aprendió solo a tocar el piano, el violín y el violonchelo. Cuando Charlie tenía siete años, lo llevaron

---

106. Vincent de Gaulejac, *Les Sources de la honte*, Points, 2011. [En español: *Las fuentes de la vergüenza*, Mármol izquierdo, 2008].

a un orfanato con su medio-hermano mayor Sydney, porque a la madre la habían internado en un hospital psiquiátrico: entró y salió varias veces hasta que Charlie —con apenas catorce años— se vio obligado a internarla de manera definitiva. Charlie había dejado el colegio a los trece años y vivía desde entonces en la calle, a la espera de su medio-hermano que se había alistado en la Marina hacía dos años —y que más tarde se convertiría en su representante—. Desde que era muy pequeño, la madre le había dicho que tenía talento para la comedia: a los cinco años subió a escena con ella; su madre se había quedado completamente afónica y Charlie tiene un gran éxito imitándola. A los nueve años, formó parte de una compañía donde bailaba en suecos. Después actuó con varias compañías hasta que, un día, lo descubrió un empresario que había fundado una sociedad que reunía estrellas del cine mudo y burlesco estadounidense. Actuó por primera vez en el cine en 1914, a los veinticinco años. En 1919, fundó su propia sociedad y realizó sus primeros largometrajes mudos, que luego serán conocidos en el mundo entero. Como no recibió ningún tipo de educación musical, convocó a compositores profesionales para dar forma a sus propias ideas musicales. "Aunque se apoyara en sus asociados para realizar instrumentalizaciones complejas, las consignas musicales eran suyas, y no se ponía una nota sin su consentimiento", comenta el historiador del cine Jeffrey Vance en *Chaplin: une vie en images*[107] (Chaplin: una vida en imágenes). Entre sus ochenta películas, *The Kid* (El niño) —inspirada en su propia infancia— es una de las primeras películas en asociar la comedia y el drama. Cuando se estrenó, en enero de 1921, el éxito fue inmediato y se distribuyó en más de cincuenta países. Ese mismo año, Charlie Chaplin le compró a su madre una casa frente al mar, cerca de Hollywood. En esa casa vivirá sus últimos siete años, al cuidado de una enfermera. En 1940, Charlie Chaplin hace su primera película sonora, *The Great*

---

107. Jeffrey Vance, *Chaplin : une vie en images*, La Martinière, 2004.

Dictator (El gran dictador), en la que se burla directamente de Adolf Hitler y del fascismo.

Actor, director, guionista, productor y compositor, Chaplin hizo una carrera notable por donde se la mire a pesar de haber tenido una infancia sórdida. "La figura de Charlot ejemplifica magníficamente el trabajo de expiación de la vergüenza mediante el humor —escribe Vincent de Gaulejac en *Les Sources de la honte* (Las fuentes de la vergüenza)—. Se muestra al vagabundo en la más absoluta miseria, sometido a múltiples vejaciones. No se rebela, no denuncia la violencia y, sin embargo, no se resigna ni se muestra vencido, como si la vergüenza no pudiera alcanzarlo. Su humanidad y la solidaridad concreta con los de su medio lo salvan de la decadencia"[108]. Luego cita extensamente a Roland Barthes, que escribió: "El hombre-Charlot se sitúa siempre justo por encima de la conciencia política (...) incapaz de acceder al conocimiento de las causas políticas y a la exigencia de una estrategia colectiva. Pero precisamente porque Charlot representa una especie de proletario rústico, todavía exterior a la revolución, su fuerza representativa es inmensa. (...) En definitiva, por eso el hombre-Charlot siempre triunfa: porque escapa de todo, rechaza cualquier patrocinio, y nunca invierte en el hombre más que al hombre mismo"[109]. A pesar de todo, Charlie Chaplin ha sentido toda su vida la vergüenza de su pobreza. Murió, a los ochenta y ocho años, la noche del 24 de diciembre de 1977. El día de Navidad le traía recuerdos insoportables de su infancia en la pobreza. Él, que había recibido una naranja como el más hermoso de los regalos, no entendía que su cuarta esposa, Oona[110], con quien tuvieron ocho hijos, pudiera cubrirlos con

---

108. Vincent de Gaulejac, *Les Sources de la honte*, *op. cit.*

109. Roland Barthes, *Mythologies*, Le Seuil, 1957. [En español: *Mitologías*, Siglo XXI, 2010].

110. A los 54 años se casó con Oona O'Neil, quien entonces tenía 18 años. Chaplin describe este encuentro como el acontecimiento más feliz de su vida.

tantos regalos. A propósito, su biógrafo oficial David Robinson sostuvo que su recorrido fue "el más espectacular de todos los cuentos jamás contados sobre el ascenso de los harapientos a la riqueza". El director de cine Federico Fellini definió a Chaplin como "una suerte de Adán del que salimos todos". Como director de cine, Chaplin es considerado un pionero y el ancestro de las figuras más influyentes del siglo XX.

Citemos también el caso de la novelista británica Kerry Hudson que, casi a los cuarenta años, cuenta en *Basse Naissance*[111] (*Lowborn*) su infancia y su adolescencia miserables en la Inglaterra de las décadas de los setenta y los ochenta. Realiza una lista de sus primeros dieciocho años de vida: "Una madre soltera, dos estancias con familias de acogida, nueve escuelas primarias, una investigación de la Protección de la Infancia por abuso sexual, cinco colegios secundarios, dos abusos sexuales, una violación, dos abortos". Su madre, "una joven fiestera inmadura", queda embarazada a los veinte años de un hombre mayor que ella; piensa abortar, pero después cambia de opinión y decide parir cerca de su madre, que la recibe disgustada en Escocia. No tiene trabajo ni dinero, se muda sin cesar de lugares sórdidos y de ciudades siniestras con su hija que pasa hambre y la vergüenza de ser pobre y diferente a los demás. ¿Qué fue lo que la salvó? El acceso a la educación pública y gratuita y su amor por la lectura, que la impulsó a refugiarse en las bibliotecas, "su única escapatoria". "No pasa un día sin que me dé cuenta de la suerte que tuve: haber logrado escapar y haberme convertido en la que soy hoy", cuenta Kerry Hudson en una entrevista[112]. Realizada, casada, contenta, publicada en los cuatro rincones del mundo, todavía hoy se siente "entre dos mundos".

En mi trabajo de terapeuta tengo la oportunidad de conocer niños "invulnerables". Cada vez que me encuentro con uno y

---

111. Kerry Hudson, *Basse naissance* (*Lowborn*), éditions Philippe Rey, 2020.

112. Laurence Caracalla, « Rescapée du passé », *Le Figaro Littéraire*, enero 2020.

me doy cuenta de dónde vienen y de todo lo positivo que han logrado hacer en sus vidas, siento admiración, me conmueve, me asombra y agradezco a la vida que pueda producir tales milagros.

Pero incluso más allá de los lazos biológicos y genealógicos, lo que más cuenta es el amor que circula en el seno de la familia. El amor es el motor que permite superar todos los problemas y "limpiar" el árbol. "Los hijos adoptados me lo han demostrado, adoptan de tal manera a sus propios padres que la paternidad biológica casi pierde su sentido", escribe Bruno Clavier[113]. El cineasta japonés Hirokazu Kore-Eda es uno de los que ha representado mejor la fuerza de este amor, específicamente en su película *De tal padre, tal hijo*, que recibió el Premio del Jurado en el Festival de Cannes de 2013. Es la historia de un arquitecto obsesionado por el éxito profesional que un día descubre que su hijo de seis años fue cambiado por otro cuando nació. Su hijo biológico creció en un medio más modesto… Las dos familias se encuentran; los padres deciden intercambiar los hijos y recuperar cada uno a su hijo biológico. Cruel dilema entre los lazos de sangre y los del amor. Al final de la película, cada familia se reencuentra con el hijo que crio y con quien construyeron un vínculo único.

REPARAR A NUESTRO NIÑO INTERIOR

Es importante curar nuestras heridas de infancia liberándonos del patrón familiar para no repetir y no transmitir nuestros traumas y los heredados de nuestros ancestros. El concepto de niño interior es relativamente reciente y está inspirado en los trabajos de Carl Gustav Jung, que ya hablaba de "niño eterno". Es también una de las bases del análisis transaccional[114], que

---

113. Bruno Clavier, *Ces enfants qui veulent guérir leurs parents*, *op. cit.*

114. Teoría de la personalidad y de la comunicación creada en 1958 por Éric Berne, psiquiatra y psicoanalista. Tiene por objeto permitir una toma

distingue en los intercambios tres estados del individuo, es decir, tres componentes de nuestra personalidad: el niño, el adulto y el padre. En la tradición hawaiana del Ho'oponopono[115], el niño interior es la parte emocional de nuestro ser donde están almacenadas todas las memorias: las nuestras, las de nuestros padres, las de nuestros ancestros e incluso las de nuestras vidas pasadas.

En otras palabras, todos fuimos niños y una parte de ese niño vive todavía en nosotros. De ahí la metáfora del "niño anidado" (en francés, *l'enfant gigogne*)[116]. "Todas las personas mayores al principio fueron niños, pero pocos lo recuerdan", decía Antoine de Saint-Exupéry[117]. Nuestro niño interior es el niño herido que sobrevive en nosotros: explica algunos de nuestros comportamientos y actitudes de adultos, que pueden tener origen en los traumas y carencias afectivas de la infancia. Nuestro niño interior puede, por ejemplo, sufrir una carencia que nos vuelve incapaces en la edad adulta de dar el amor y la atención que no hemos recibido de nuestros padres. El trabajo consiste entonces en "encontrar al niño en uno" con el propósito de compensar lo que le falta.

Me acuerdo de la historia de Renata. Me cuenta que cuando tenía entre dos y tres años, sus padres la internaron, dos veranos seguidos, en una clínica suiza con un parque muy bonito, supuestamente por su salud. Ella, en realidad, sentía que sus padres se la sacaban de encima. En edad adulta, su propia maternidad la expuso de nuevo al dolor y al inmenso sufrimiento de ese abandono. Cuando su hija llegó a la edad de entre dos y tres años, Renata revivió ese sufrimiento en el cuerpo: "¿Cómo

---

de conciencia de lo que se juega en las relaciones entre dos personas y dentro de un grupo.

115. Práctica ancestral basada en un ritual de perdón y de reconciliación.

116. Jean-Paul Fluteau, *L'Enfant gigogne – Au cœur de nos émotions, un enfant intérieur*, Guy Trédaniel éditeur, 2003.

117. Antoine de Saint-Exupéry, *Le Petit Prince*, 1943. [En español: *El principito*, 1951].

pudo mi madre hacer una cosa así?", se preguntó mientras miraba con amor a su propia hija. Ella sintió un instinto maternal muy poderoso. Gracias al análisis y al trabajo sobre su niña interior pudo cambiar su comportamiento. Antes de la terapia, ni bien se sentía herida se ponía de mal humor y se encerraba en sí misma. Cuando se sentía desplazada o rechazada, tenía brotes de eczema. Cuando se da cuenta y hace la conexión con la pérdida de identidad sufrida en su primera infancia, el eczema desaparece. Hoy Renata expresa lo que siente. La niña herida, abandonada, enojada ha sido reparada. Aunque sus heridas por el abandono subsisten, el hecho de trabajar en ellas le permite cambiar lentamente sus comportamientos. Como en el duelo concluido, la herida ya no define quién es.

El trabajo sobre el niño interior es, por lo tanto, perfectamente complementario al de la psicogenealogía o al de una terapia, ya que el adulto debe identificar lo que le ha faltado durante un acontecimiento traumático de su infancia para poder revivirlo de otra manera y llenar los vacíos. Si los traumas de la niñez ocurren entre la primera infancia y los siete años, el niño los sufre con todas sus fuerzas y queda profundamente marcado. En efecto, a diferencia del adulto, el niño no dispone de los recursos para afrontarlo: la expresión de sus sentimientos, la posibilidad de verbalizar, de pedir ayuda, de conocer su valor gracias a sus logros personales y profesionales...

Además, un niño no tiene la autonomía necesaria para salir de un medio "tóxico". "Uno de los factores que contribuye a que la experiencia se vuelva traumática es la imposibilidad que tiene el niño de hablar. Por miedo, vergüenza y culpa, guarda la experiencia en secreto", escribe Jean-Paul Fluteau. "Al cargar con lo que no le pertenece, la persona se acostumbra y termina adoptando esa "mochila" como propia. (...) Esto constituye una de las principales fuentes de sufrimiento y disfunción"[118]. Como adultos, somos la única persona que puede dar a su propio niño

---

118. Jean-Paul Fluteau, *L'Enfant gigogne...*, *op. cit.*

interior lo que le ha faltado: amor, respeto, protección, toleran-
cia, apoyo, indulgencia... De alguna manera, se trata de convertirse en su propio padre o madre indulgente. En este sentido
hablamos de "re-paternidad". "La re-paternidad del desarrollo
se basa en la idea fundamental de que la organización de las
estructuras cerebrales del niño es absolutamente dependiente
de las experiencias afectivas. De la misma manera, la reorganización de estas mismas estructuras requiere del pasaje, mediante
la repetición, por experiencias sensoriales y afectivas precoces
que le faltaron"[119]. De ahí el sufrimiento que implica y la valentía
que hace falta para lograrlo. Gracias a este proceso, el adulto se
vuelve al fin libre, y no depende más de los otros para avanzar
en su camino de vida.

Una vez que el adulto identifica lo que le faltó durante un
acontecimiento traumático, transfiere sus recursos a su niño interior para que pueda repararse. Existen muchas maneras de hacerlo. Podemos, por ejemplo, escribirle una carta a nuestro niño
interior y enviársela a uno mismo. El objetivo es el de decir las
palabras que nos hubiera gustado escuchar de niños, así como
todo el amor, la calidez y el afecto que nos hubiera gustado
recibir. También podemos entablar un diálogo con él a través
de un diario o buscar fotos de nuestra infancia para conectar
con las emociones de esa época y las que sentimos ahora. Ese
trabajo se puede hacer solo, en taller con otras personas o cara a
cara con un terapeuta. A mi entender, es mucho más interesante
hacer este trabajo acompañado porque eso aporta una mirada
objetiva y exterior que permite aclarar los acontecimientos con
otra perspectiva.

El trabajo sobre el niño interior nos ayuda a priorizar nuestro bienestar respecto de las exigencias exteriores. Una vez re-
parado, el niño interior forma parte de nosotros. Las personas

---

119. Philippe Liébert, *Quand la relation parentale est rompue*, «La prise en
     charge thérapeutique des traumatismes liés à la maltraitance», Dunod,
     2015.

que realizan este trabajo no sólo sanan al niño herido, también se reapropian de las "maravillosas cualidades infantiles", como lo explica Jasmin Lee Cori[120]. Entonces el cuerpo está más distendido, más libre, más ligero. Somos capaces de hacernos bien y de disfrutar de las actividades que nos dan placer[121]. Y el bienestar que se siente repercute en las personas de nuestro entorno. Por mi parte, yo construí para mi niña interior una casita encantadora con una cerca de madera, su césped verde que huele a recién cortado y un jardín lleno de flores aromáticas y de mis árboles preferidos. Puedo refugiarme en esa casita en cualquier momento, me abriga el corazón y el alma y me pone de buen humor. Para repararse, ¡tenemos que ser muy creativos!

DEVOLVER A NUESTROS ANCESTROS LO QUE LES PERTENECE

A lo largo de todo este libro, hemos hablado del trabajo de psicogenealogía, que consiste en comprender la vida y la trayectoria de nuestros ancestros para aclarar nuestra vida personal. La psicogenealogía, introducida y desarrollada por Anne Ancelin Schützenberger, tiene por objetivo liberarse de las problemáticas familiares, a veces transmitidas de generación en generación, para no legarlas, a su vez, a nuestros hijos. Saca a la luz lo que estaba oculto y, al hacerlo, rompe el hilo de la transmisión de los problemas, los traumas y secretos intergeneracionales y transgeneracionales, conscientes e inconscientes. Consiste, por lo tanto, en devolver a nuestros ancestros el sufrimiento que les

---

120. Jasmin Lee Cori, *Les Mères absentes. Guérir de l'amour qui vous a manqué*, Ixelles éditions, 2014. [En español: *La madre emocionalmente ausente. Cómo reconocer y sanar los efectos invisibles del abandono emocional infantil*, Sirio, 2023].

121. Leer al respecto mi libro *Quatre plaisirs par jour, au minimum!*, Payot, 2009. [En español: *Cuatro placeres al día, ¡como mínimo!*, Aguilar, 2010].

pertenece. Este fue el caso de Justine, de treinta y cuatro años. Aunque tenía una vida agradable, con hijos, un marido al que amaba y una profesión que le gustaba, siempre se sentía triste. Durante un trabajo de psicogenealogía, descubrió que cargaba inconscientemente con la tristeza de su madre —huérfana de madre a los dos años y de padre a los cinco (el padre se suicidó)—. Así, con un trabajo simbólico, pudo devolver a su madre este sufrimiento que no le pertenecía. Por primera vez en su vida, quiso comprarse ropa de colores, ella que usaba solo negro. En efecto, los colores que usamos son a menudo símbolo de nuestro estado interno.

El trabajo transgeneracional no es cosa fácil. La psicogenealogía nos incita a buscar en el pasado, ahí donde es doloroso. Uno de mis pacientes un día me dijo: "Usted pega donde duele". "En efecto, trabajamos sobre nuestros sufrimientos de infancia", le respondí yo. Y corrieron lágrimas… Hijo de un albañil portugués, este hombre había logrado ascender en la escala social: trabajaba en una empresa que vendía códigos de barra a los supermercados. Tenía tres hijos, pero se dio cuenta de que era demasiado severo con ellos, como su padre lo había sido con él. Esto le causaba una profunda culpa. Me confesó que de niño y adolescente nunca había tenido fines de semana, vacaciones, tiempo libre, lo que le había impedido tener amigos. Le habían robado su infancia. "Y no quiero dar a mis hijos esa misma educación, pero no consigo hacerlo de otra manera".

TENER EN CUENTA EL IMPACTO DE LA DECEPCIÓN

Hay una emoción particular en la que a menudo me detengo en las conversaciones con mis pacientes: la decepción. Como tantas otras emociones, no se la reconoce, pero tiene un impacto real en nuestras vidas.

Tal como dice el psiquiatra Philippe Jeammet, "tendemos a minimizar el impacto de la decepción en nuestras vidas"[122]. Incluso la califica de "cáncer de las emociones": "Cuanto más impulso teníamos, más vitalidad, deseo de contacto y de construcción, la decepción más nos desmorona".

Puede ser, de hecho, motivo de depresión o de remordimientos que uno luego arrastra durante toda su vida. Es el caso típico de un joven cuyo padre muere y que, obligado a ganarse la vida, no puede terminar sus estudios. Entonces le queda esta decepción de no haber podido realizar su ideal de vida. También recuerdo el caso de este hombre que no pudo ser ingeniero porque tuvo que emigrar a Estados Unidos y que cada vez que pasaba por un puente les decía a sus hijos: "¡Esto es lo que yo hubiera querido construir!". Esta decepción que acompañaba su sueño de carrera trunco explica por qué hoy es tan exigente con los estudios de sus hijos...

LA *PERLABORACIÓN*, EL ARTE DE RETRABAJAR SIN CESAR

Algunos de mis pacientes me preguntan: "¿Pero por qué seguimos trabajando sobre este problema si ya lo trabajé decenas de veces?". Porque cada vez que se trabaja el problema, el trabajo se sitúa en un nivel diferente y aparecen elementos nuevos, que arrojan luz nueva y permiten aclararlo. Es lo que se llama "perlaboración", un proceso descripto por Sigmund Freud en 1914 en *Erinnern, Wiederholen und Durcharbeiten*[123]; traducido al español con el título *Recordar, repetir y reelaborar*, y al francés como *Remémoration, répétition et perlaboration*. En inglés, hablamos de *working through* (o retrabajar). El término se rela-

---

122. «Nous oscillons entre la confiance et la peur», entrevista con el psiquiatra Philippe Jeammet, realizada por Laurence Lemoine, *Psychologies magazine*, octubre 2018.

123. Sigmund Freud, *Erinnern, Wiederholen und Durcharbeiten* (*Remembering, repeating and working through*), Standard Edition, 1914. [En español: *Recordar, repetir y reelaborar*, Amorrortu, 1980].

ciona también con el de elaboración, que lo encontramos en el *Vocabulaire de la psychanalyse* (Diccionario de psicoanálisis) de Jean Laplanche y Jean-Bertrand Pontalis[124]. Recientemente, en el campo del psicoanálisis, muchos autores prefieren el término "perlaboración" al de "reelaboración" porque el primero pone de relieve el trabajo del inconsciente y la activación de los procesos que se abren hacia el futuro. Freud compara la perlaboración con una sinfonía que retoma el mismo tema, pero en niveles diferentes, hasta alcanzar la explosión final. En psicogenealogía y en psicodrama, también utilizamos este método: trabajamos un mismo problema o trauma en varias ocasiones, pero cada vez en un nivel diferente.

Para ilustrar esta idea, me gustaría dar un ejemplo personal. Yo trabajé la muerte de mi hija una cantidad considerable de veces: con Anne Ancelin Schützenberger, en varias ocasiones en psicogenealogía, luego en terapia de grupo y psicodrama. Cuando estábamos escribiendo *Sortir du deuil* (Salir del duelo) con Anne, me pidió que leyera obras sobre el tema para enriquecer nuestro trabajo. Mientras estudiaba libros sobre la muerte de los hijos, pequeños detalles ínfimos pero dolorosos me volvieron a la memoria por primera vez, y fue en ese momento que tuvo lugar, para mí, la explosión final: todo había sido trabajado. Recién a partir de ese momento pude ir sola y en paz a la tumba de mi hija y de mi marido. A veces se me ocurre —por lo general, cuando hace buen tiempo— ir a leer y llevar a mis nietos para que me ayuden a limpiar la tumba y plantar flores. Todo en paz.

---

124. Jean Laplanche et Jean-Bertrand Pontalis, *Vocabulaire de la psychanalyse* [1967], PUF, coll. «Quadrige», 2007. [En español: *Diccionario de psicoanálisis*, Paidós, 1996].

5

¿CÓMO Y POR QUÉ HACER NUESTRO GENOSOCIOGRAMA?

> *La mente intuitiva es un don sagrado y la mente racional su fiel servidor. Hemos creado una sociedad que honra al servidor y ha olvidado el don.*
>
> ALBERT EINSTEIN

La psicogenealogía es un proceso y el genosociograma su herramienta. Es en principio un árbol genealógico objetivo; un árbol lo más completo posible sobre cuatro o cinco generaciones, sobre el cual anotamos los acontecimientos importantes de nuestra historia familiar: nacimientos, matrimonios, muertes, estudios, profesiones, pero también enfermedades, accidentes, desarraigos, migraciones, fracasos, logros excepcionales, depresión, homosexualidad, así como los vínculos positivos o conflictivos… todo incluido en una representación gráfica. Es también y sobre todo un árbol subjetivo que representa la familia tal como la persona la lleva en sí. Es un esqueleto; y el trabajo de la psicogenealogía consiste en ponerle la carne, los músculos, el flujo sanguíneo, la vida. Se trata de hacer hablar al árbol. También le agregamos "el átomo social", es decir, todo lo que llevamos en el corazón, lo que es afectivamente importante, pero que no entra en el marco del árbol genealógico (por ejemplo, una niñera por la que uno siente mucho apego, un amigo, una persona de confianza, una casa de familia, un gato, un perro, un peluche…). Este concepto fue creado por Jacob Levy Moreno, creador del psicodrama. Anne Ancelin Schützenberger, que es su discípula, introdujo el psicodrama en Francia[125].

La realización del genosociograma es un trabajo de interioridad. Durante este trabajo el cuerpo está totalmente implicado. El gesto de escribir en el papel compromete a la persona enteramente. El cuerpo participa mediante sus posiciones, sus actitudes, sus gestos. El tacto está siempre en juego. La vista permite acoger el desarrollo del árbol genealógico, y el oído es el sentido más implicado en este tipo de trabajo terapéutico. El árbol es una metáfora para evocar a la persona que trabaja en sí misma y en sus ancestros. Este trabajo, que se desarrolla individualmente o en grupo —en el marco de una formación en psicogenealogía, para aprovechar la dinámica de grupo y de su vivencia—, se realiza de memoria y apela a las emociones. Se hace "con las tripas" y con la memoria del inconsciente que lo sabe todo, no con el intelecto. Si no hay emoción, el trabajo no tiene ningún valor terapéutico ni liberador. Antes de comenzar este trabajo, hay que formular lo que queremos trabajar. El terapeuta le pregunta a la persona qué lo motivó a venir. Esa es la verdadera cuestión, la que permite evitar el palabrerío. Puede haber una o dos problemáticas, que se escriben en la parte inferior de la hoja, porque cuando uno no decide adónde va, no va a ninguna parte. Esto no siempre es evidente y puede demandar un poco de tiempo, hasta media hora incluso, pero al fin de cuentas es tiempo ganado. Además, la respuesta a esta pregunta será la hoja de ruta del terapeuta durante todo el trabajo y orientará sus intervenciones. Determinar la problemática de antemano también permite volver

---

125. Anne Ancelin Schützenberger, *Précis de psychodrame : Introduction aux aspects techniques*, Editions Universitaires, 1966. [En español: *Introducción al psicodrama en sus aspectos técnicos*, Aguilar, 1970].

sobre ella cuando se ha terminado el genosociograma. Muy a menudo, una persona que vuelve para una segunda sesión se sorprende de la problemática trabajada en el primer encuentro, porque presume que su petición ya está resuelta, superada.

El genosociograma es un árbol de vida: simboliza la vida en perpetua evolución. También es el árbol del conocimiento. Es a la vez simbólico y mítico. Permite estudiar las huellas que dejaron nuestros padres y nuestros ancestros en nuestras vidas, permite entender los vínculos complejos que se han forjado entre los miembros de una familia y aclarar los no-dichos y los secretos de familia. Pero también permite explicar los "olvidos". ¿Por qué, por ejemplo, no sabemos nada de la rama materna? El genosociograma permite entender los efectos nocivos de un duelo no resuelto, de los no-dichos, de los secretos de familia, reemplazándolos en el contexto de la época, también llamado "nicho ecológico". "No se puede entender a las personas si no se tiene una idea de este nicho ecológico", escribió Anne Ancelin Schützenberger. "Imagine que tuviese un ancestro mujer que vivía en el siglo XIX y tenía, como se dice, 'un bollo en el horno'. Imagine las reacciones del entorno familiar ante esta joven, embarazada y soltera"[126]. Si los lazos transgeneracionales son uno de los pilares de la psicogenealogía, el otro pilar es la sociología. Cuando Anne se reunió con el sociólogo Vincent de Gaulejac entendió, enseguida, que la psicogenealogía clínica sin la sociología no funcionaría. Por eso modificó inmediatamente su herramienta y la llamó "psicogenosociograma".

Uno de los objetivos del genosociograma, como lo dice Anne Ancelin Schützenberger, es el de descubrir que "el mundo no empezó con nuestros padres" y que ellos también son fruto de sus padres y de sus abuelos: "lo que permite situarnos en una perspectiva transgeneracional y ponernos a buscar

---

126. Anne Ancelin Schützenberger, *Exercices pratiques de psychogénéalogie*, Payot, 2011.

nuestras raíces y nuestra identidad"[127]. Pone en evidencia las lealtades familiares invisibles, los mitos familiares, los mandatos. Es un trabajo que permite forjar vínculos, porque no solo interactuamos y nos comunicamos con los miembros cercanos de nuestra familia, sino que también lo hacemos con sus amigos, los primos lejanos, así como con personas fuera de la genealogía, que son de una gran riqueza. Por mi parte, al no saber prácticamente nada sobre mi abuela materna —que falleció antes de mi nacimiento y de quien heredé mi segundo nombre— fui a ver a su mejor amiga con el consentimiento de mi madre. Hablamos durante dos horas. Fue una fuente formidable de información, sobre todo porque mi madre —una "reservada"— no hablaba prácticamente nunca de su madre.

Entender de dónde venimos nos hace tomar consciencia de nuestras raíces para construirnos y desarrollarnos mejor. Es la metáfora del árbol: es más estable cuando se lo planta con sus raíces en tierra que cuando queda contenido en una maceta. Saber claramente de dónde venimos nos permite situarnos en el tiempo y en la historia, desbloquear aprendizajes; porque lo que se vuelve claro en los vínculos que nos unen, cobra sentido luego gracias a la información que recopilamos sobre la familia. Es por eso que es útil hacerle dibujar a un niño un árbol genealógico sobre tres o cuatro generaciones. Es una ocasión maravillosa para los padres y los abuelos de hablar de sus historias y de sus orígenes. Es tanto más importante en la actualidad, dada la fragmentación geográfica de las familias y la complejidad de las familias ensambladas. Hacer su árbol permite asentar nuestro lugar en la familia y en la sociedad. Es interesante señalar que muchas de las personas que consultan en psicogenealogía lo hacen porque no encuentran su lugar, como no lo encontraron en su familia y/o en su universo profesional.

---

127. *Aïe, mes aïeux!, op. cit.*

¿CÓMO SE HACE EL TRABAJO TRANSGENERACIONAL?

La psicogenealogía aborda cuestiones dolorosas, pero también puede propiciar momentos de alegría. El terapeuta está ahí para abrir las puertas. Eso implica una participación activa del paciente basada en una relación de confianza. El trabajo se hace empatizando con el dolor del otro. "No es la teoría sino la relación con el paciente lo que debe conducir la terapia", dice con toda razón Irvin Yalom[128]. Porque la terapia es un "arte", y la psicogenealogía es el arte de hacer las preguntar pertinentes[129] en relación al problema que ha venido a trabajar el paciente. Decir o escribir en la hoja de la pizarra las cosas que nunca nos animamos a decir ni a contar libera.

El terapeuta debe actuar un poco como un partero, no apurarse y dejar que el trabajo se haga. Tiene que señalar la reticencia a evocar ciertas cosas, la importancia de volver sobre las emociones para aportar un cambio e insistir sobre el hecho de que no hay que apresurar nada. Ese es el mejor acompañamiento que podemos ofrecer. El terapeuta tiene que poner palabras a los procesos de reinversión progresiva de las emociones, acompañar esta evolución y reubicar la emoción en la historia familiar que, a menudo, no nos pertenece. "Tan pronto como se reconoce el carácter engañoso de una de estas emociones, la desconexión emocional constituye una manifestación importante de nuestra libertad —escribe Serge Tisseron—. La clave está en aprender a dudar de nuestras emociones: este aprendizaje nos incita a distinguir entre las emociones que realmente nos pertenecen y aquellas que atestiguan, dentro de nosotros, la influencia indebida de un otro"[130].

---

128. Irvin D. Yalom, *L'Art de la thérapie*, Le Livre de poche, 2018.

129. Un ejemplo de pregunta pertinente: cuando Anne me hizo notar que era raro tener el nombre de sus dos abuelas, me preguntó qué había heredado de cada una. Al hacer la lista en la hoja, tomé consciencia de varios rasgos de mi identidad.

130. Serge Tisseron, *Vérités et mensonges de nos émotions*, Albin Michel, 2005.

Este trabajo supone, de parte del terapeuta, una escucha atenta y el ejercicio de un discernimiento llamado a distinguir entre lo que es importante y lo que lo es menos. Se trata de permanecer sensibles a las inflexiones de la voz, de permanecer predispuestos a recibir, muchas veces de improviso y bajo aspectos inesperados, el hilo rojo que conduce al núcleo del problema que la persona viene a trabajar.

La psicogenealogía es también el arte de no dejarse "pasear" —y eso se aprende— porque el inconsciente habla de vez en cuando de todo… ¡salvo de lo importante! La psicogenealogía es también el encuentro de dos inconscientes. En la medida en que el inconsciente del terapeuta entra en contacto con el del paciente, hay "revelación": la persona vislumbra su problema con otro foco, con otra manera de ver. Me acuerdo de una mujer, que vino a consultarme por un problema personal. En la entrevista, me habló de su hijo de cuarenta y tres años que no lograba encontrar la mujer con quien construir una familia. Me contó que tenía éxito en su trabajo, pero el plano personal era más difícil para él. Fue entonces que tuve, como un flash, el recuerdo de un libro de la "Biblioteca rosa"[131] que leí cuando era adolescente. Entonces le dije: "Es como en el libro *Sans famille* (sin familia)". Y ella exclamó: "¡Ese libro fue durante mucho tiempo mi libro de cabecera, y es por eso que le puse Rémi!". Hete aquí un bello ejemplo del encuentro de dos inconscientes…

Es en eso que la psicogenealogía tiene un efecto mágico: todo puede ser dicho y entendido en un instante de claridad. Hélène es una joven mujer cuya madre nació de un incesto. Ella no sabía más al respecto e imaginaba que su abuela había sido abusada por su propio padre, y que su madre era el fruto de esa relación. Pero trabajando en su árbol, en un momento,

---

131. [N. del T.: La Biblioteca Rosa y Verde es una colección de la editorial Hachette dedicada a los héroes favoritos de los niños. Desde su creación en 1852, según el lema de la editorial, su única vocación es la de infundir a los niños y jóvenes de todos los tiempos el gusto por la lectura].

se sintió como atravesada por la luz de la verdad: comprendió de golpe que el incesto no tuvo lugar entre padre e hija, sino entre hermano y hermana. Hélène se puso entonces a temblar de frío. La tuve que acomodar en un sillón y taparla con una manta. Le preparé un té y se quedó ahí un rato largo a digerir esta revelación. Hélène está acostumbrada a escuchar su cuerpo, porque practica el método Mézières[132], pero ese día descubrió la catarsis, la liberación. Esta verdad le atravesó cuerpo. Me confesó, entonces, que ella misma vivía con su primo hermano. Eso había conmocionado a toda su familia, incluido su primo, pero no a ella y no entendía por qué. "Ahora entiendo mejor mi historia —me dijo entonces— y voy a tomar la decisión de separarme de él". Esta verdad le permitió encontrar otro camino de vida, uno en el que no todo está permitido.

La psicogenealogía no es una profesión (la genealogía, sí), sino una herramienta potente, de las más potentes, que transforma la visión del mundo al aportar una elucidación nueva. Por lo tanto, no podemos ser "psicogenealogistas". La psicogenealogía es un proceso y junto con el genosociograma conforman una herramienta más en nuestra caja de herramientas. Yo la utilizo en terapia cuando lo considero adecuado para trabajar en el problema que trae el paciente. Tampoco es magia. No estamos en la "psicomagia" del artista proteiforme Alejandro Jodorowsky, una técnica de curación a mitad de camino entre la expresión del inconsciente, el uso de símbolos y cartas del tarot de Marsella. Si bien la psicogenealogía no es magia, a veces, puede tener efectos que verosímilmente podemos calificar de mágicos. Por eso, esta herramienta debe ser utilizada con criterio por profesionales de la salud, con una buena cultura general, conocimientos válidos en psicología y que hayan hecho un trabajo personal sobre sí mismos y, si es posible, sobre su propio cuerpo[133]. Para realizar

---

132. Técnica de reeducación postural.

133. Ver Thérèse Bertherat et Carol Bernstein, *Le corps a ses raisons*, Le Seuil, 1976, et *Courrier du corps*, Points, 2008; Michaël Nisand et Sylvie

un trabajo serio de psicogenealogía, es importante encontrar personas bien formadas, indulgentes, dignas de confianza, empáticas y capaces de dar y recibir amor.

Durante un trabajo de psicogenealogía, la persona experimenta emociones, sentimientos y comportamientos múltiples. Abandona sus costumbres y sus zonas de confort, lo que la ayuda a acceder a sus recursos creativos y favorece nuevas conductas. Este trabajo involucra muy especialmente a la corteza prefrontal, que juega un papel importante en las emociones y la creatividad. Como hoy lo demuestran las neurociencias, la plasticidad neuronal permite la creación de nuevas células madre y de nuevas conexiones a lo largo de toda la vida. Esto abre nuevas oportunidades en el campo del cambio personal. Para llegar a eso, hay que apoyarse permanentemente en las emociones y en la memoria del inconsciente que lo sabe todo. Según mi experiencia, los resultados son mejores si el árbol se realiza de pie en una pizarra con caballete, es decir frontalmente. Produce un gran impacto ver a toda nuestra familia y a nuestros ancestros claramente y ¡de frente! De ahí la importancia de hacer este primer trabajo frente a la hoja en un caballete. Luego, es interesante mirarlo con otras perspectivas: de lejos (muy importante), desde abajo y, si se quiere, poniéndolo en el suelo.

¿CÓMO CONSTRUIR NUESTRO GENOSOCIOGRAMA?

El genosociograma se puede hacer en un rotafolio o en una gran hoja blanca enganchada a un cartón y puesta sobre un caballete. Los hombres se representan con triángulos o cuadrados y las mujeres con círculos. Trabajamos con marcadores de colores, generalmente con uno negro, uno azul, uno rojo y uno verde.

Geismar, *La Méthode Mézières, un concept révolutionnaire*, Éditions J. Lyon, 2006. [En español: *El cuerpo tiene sus razones*, Paidós, 2014].

El negro se utiliza para los hechos (datos, nombres, países de nacimiento, profesiones, etc.); el azul, para las características (por ejemplo: déspota, tiránico, maltratador, buena cocinera, dulce, tierno, frío, distante, elegante, egocéntrico), todo lo que le da vida al árbol y nos diferencia de la genealogía; el rojo se utiliza para los vínculos conflictivos y todos los traumas (por ejemplo, un cáncer, una muerte accidental, la muerte de un hijo, un suicidio…), el trazo recto simboliza una relación difícil, el trazo en zigzag una relación muy conflictiva, y la línea punteada simboliza los abortos espontáneos y las interrupciones voluntarias del embarazo, es decir, los seres que fueron encarnados pero no han llegado a término; el verde, por su parte, simboliza los vínculos positivos que nos permitieron construirnos al interior como al exterior del genosociograma, es decir, que formen parte o no de la familia de sangre. Los únicos colores no negociables son el rojo y el verde, debido a su simbolismo universal, que lo encontramos en los semáforos de todos los países del mundo: el rojo indica peligro, señal de "alto", y el verde lo que es seguro, sin riesgos, tranquilizador. Para lo demás, me parece que se puede hacer todo en negro o en azul, o usar ambos colores para que sea más claro.

Las personas que trabajan conmigo realizan su genosociograma en una sesión de tres horas y media. Se puede hacer una segunda sesión cuando la persona lo necesite o quiera agregar información que arroje luz nueva a las preguntas que se habían hecho. La segunda sesión es más corta (dos horas), porque ya hemos llegado a lo esencial. En este trabajo nunca hay que juzgar. Como decía Françoise Dolto, las cosas no son "buenas o malas" sino que son "tristes o felices". Tener un padre que estuvo en la cárcel, en un hospital psiquiátrico o que se suicidó no está "mal", es "triste". Dos personas que se entienden y se comunican —no sobre el estado del tiempo sino de corazón a corazón— no es "bueno", sino "feliz". Observando nuestro genosociograma, podemos ver de un vistazo la historia de nuestra familia. Eso genera siempre un fuerte impacto emocional. Aproximadamente para el 80 % de las personas esta única sesión es suficiente y no vuelven porque encontraron lo que buscaban, mientras que el 20 % restante siente la necesidad de volver para continuar el trabajo.

La historia de Frédéric, una familia de padres ausentes

Frédéric, un ingeniero de cuarenta y cinco años, vino a verme para trabajar dos problemas: "Me pongo en segundo plano en la relación con el otro" y "Me siento vulnerable frente a la mirada de los otros". Así lo escribió en la parte inferior de su genosociograma[134] (cf. p. 141). Me cuenta sus veinte primeros años, ritmados por veinte mudanzas entre África, Francia y Argentina. Su padre, Roger, era ingeniero hidráulico y trabajó en una misión tras otra en distintos lugares del extranjero como ejecutivo expatriado. Era un padre ausente y distante tanto física como emocionalmente. "Un analfabeto emocional", como dice su hijo. El padre de Roger, Antoine, quedó huérfano a la edad de quince años. Procede de una familia de agricultores de un pequeño pueblo de Queyras, en los Altos Alpes franceses. El padre de Antoine, Jacques —bisabuelo de Frédéric— fue el último agricultor de una larga línea que ha vivido siempre en este pueblo. Antoine, en cambio, no fue agricultor: se alistó en la armada, alcanzó el rango de capitán y cazador alpino. Combatió en la Segunda Guerra Mundial y en Indochina, y fue un héroe de guerra. Un verdadero ascenso social en relación a su familia de origen.

Pongamos atención ahora en la familia materna de Frédéric. Su bisabuelo, Antonio, era productor agrícola. De origen italiano y pobre, emigró a la Argentina donde hizo fortuna. Se convirtió en un "nuevo rico". Su hija Velia, se casó con Héctor, un médico con quien vive en permanente conflicto, por eso el trazo rojo en zigzag. Tuvieron una hija, Esther, a quien Velia le demanda todo el amor que su marido Héctor le niega. Esther

---

134. Frédéric dio su consentimiento para que se publicara en este libro.

se casa por primera vez con Carlos y tienen una hija, Agustina. Carlos es un hombre deshonesto. Se le revoca la patria potestad. Luego Esther conoce a Roger y da a luz a Frédéric. La media-hermana de Frédéric, Agustina, se casa con Jean, tienen tres hijos, que son muy importantes para Frédéric en el plano afectivo.

Hasta sus nueve años, a Frédéric lo crio Techa, una niñera a quien adoraba, hasta que "por rivalidad" su madre —una mujer "narcisista, tóxica y celosa" de la relación que tenía su hijo con su niñera— la despide. Durante nueve años, Techa fue un pilar para Frédéric, su seguridad, por eso el enorme lazo verde que trazó entre él y ella. Frédéric se casó con Sabrina, una politóloga argentina que coordina 200 grupos en una ONG y representa su punto de anclaje. Pero ellos no quieren tener hijos porque, dice Frédéric, proviene de una "familia de padres ausentes y de desarraigos permanentes". Él lo expresa así: "No tengo ganas de tener hijos, porque yo mismo me siento todavía un niño y eso me supera respecto de la complejidad que implica el vínculo afectivo en una relación padre-hijo. No tengo referencia de padre, me siento desarmado ante esta relación. Mi relación con mi padre era distante y fría y temo replicar esa frialdad. Mi abuelo paterno quedó huérfano a los quince años, y mi padre, medio-huérfano, porque su padre estuvo en un campo de prisioneros en Alemania, luego estuvo con la Resistencia francesa y después en Indochina. Así que crecí sin referencia de padre".

Gracias a su trabajo con el genosociograma pudimos, con Frédéric, entender por qué se ponía siempre en segundo plano y por qué no conseguía comprometerse con las relaciones. Como muchos hijos de expatriados no pudo hacer verdaderos amigos porque sabía que los vería como mucho durante un año. Por eso, las relaciones superficiales. Esta es una de las razones por la que Techa es también tan importante en su vida. Juntos trabajamos sobre el hecho de que eso ya se terminó al momento de ser adulto, teniendo un puesto fijo de ingeniero industrial y colegas que conoce hace mucho tiempo y con quienes trabaja todos los días. Lo situé en la realidad de su vida actual, le mostré que era posible dedicarse a sus relaciones, porque ya no corría el riesgo de perderlas. Un año después, vino a verme una segunda vez, me contó que gracias a este trabajo se siente "más conectado y en interacción con los colegas, menos espectador". Eso también le permitió dar un gran paso adelante en el plano de la maduración profesional. Sintió que su entorno confiaba más en él, se sintió más integrado y recibió nuevas responsabilidades. Antes le tenía rechazo a la corbata, hoy no se la quita nunca. Sin embargo, me dijo, "todavía tengo duelos atravesados en la garganta, duelos inconclusos como el de Techa". "Hay también —me confía— un duelo no realizado por el desarraigo de siglos de vida en este pueblo de Queyras". Al hacer su genosociograma, Frédéric comprendió que este desarraigo después de siglos de vida en el mismo pueblo le pesaba, como una herencia invisible de la que nunca había podido deshacerse. Durante el verano siguiente a la realización de su propio genosociograma, Frédéric regresó al pueblo de sus ancestros y realizó un ritual de despedida a la vera de un arroyo. "Me apropié de mi pasado, ya no tengo la obsesión por mis ancestros, me siento más ligero, como si llevara menos equipaje".

TRABAJAR REFERENCIA INTERNA

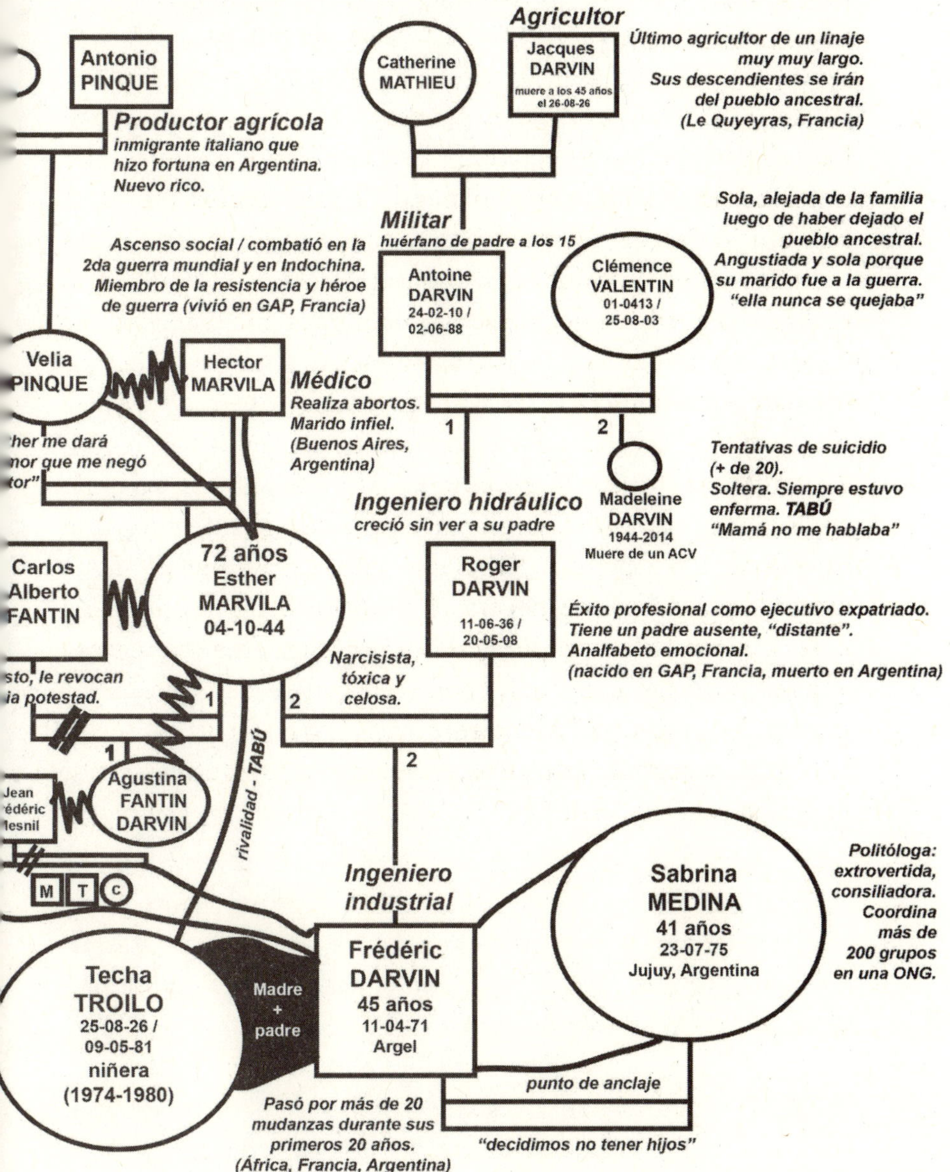

'Me pongo en segundo plano, vulnerabilidad ante la mirada de los otros"

Ejemplo de genosociograma.
(Este documento es un original. El editor no hizo modificaciones ni correcciones.)

Para finalizar este trabajo, en la parte superior de la hoja del árbol genealógico, escribimos lo que todavía queda por trabajar a largo plazo. Frédéric todavía debe trabajar lo que se llama la "referencia interna", es decir, el hecho de escuchar su cuerpo y sus emociones de bienestar y de malestar, y no quedarse únicamente con la referencia externa, que consiste en escuchar lo que los demás piensan de él y sólo preocuparse por el qué dirán.

La historia de Alberto, la carga de una tristeza no expresada

Para Alberto, el genosociograma lo ayudó a la vez a reparar el vínculo con su madre y a entender mejor por qué no podía expresar su tristeza. Alberto es osteópata. En su familia, la tristeza no está permitida y él sufre por no poder expresar esa emoción. Tiene dos hermanas y un hermano que murió al nacer. Es el más joven de los hermanos. Su padre, Giovanni, es médico, osteópata y psicoanalista. Alberto lo describe como una persona egocéntrica y tiránica, y lo apoda "Zeus". En la familia es él quien decide y controla todo. Cuando algo no le va, corta toda comunicación y se encierra en el silencio. Su madre también es médica, sufre brotes psicóticos y Alberto se lleva muy mal con ella. Durante su infancia, sus padres vivían en conflicto permanente. Por eso fue criado en un ambiente violento, tanto en el plano físico como en el verbal. Sus padres se separaron. Entonces Alberto se fue a vivir con el padre y no vio a su madre durante un año. Su padre se volvió a casar con una mujer llamada Marina y tuvieron una hija, Erica. Cuando Alberto decidió estudiar osteopatía, a su padre no le gustó la decisión. El día que se graduó, el padre lo echó de la casa. Alberto se casó con Simona, también osteópata. Perdieron un hijo en un aborto espontáneo, antes de tener a su hijo Andrea. Con su mujer, me dice, formaron una familia "tranquila". Remontándonos al árbol genealógico del lado del padre, se puede apreciar el ascenso social que realizó Giovanni. El padre de Alberto proviene de una familia pobre de pastores sicilianos y su madre había quedado huérfana a los siete años de edad. ¡Qué recorrido extraordinario el de este hijo, que se convirtió en médico, psicoanalista y osteópata! Tomamos conciencia también de toda la tristeza presente en este genosociograma. Los padres de Michela, su madre, eran ambos huérfanos de madre.

El trabajo con este genosociograma permitió, en primer lugar, reparar la relación entre Alberto y su madre, gracias a Andrea. Cuando nace Andrea, Alberto y su mujer deciden repartirse los días de trabajo en la semana para que cada uno tenga días libres para ocuparse de su hijo. Sin embargo, como Alberto generó un vínculo fusional con él, su mujer se sintió parcialmente excluida, y se puso a trabajar cada vez más. Esto es lo que Françoise Dolto llama la "trampa de la maternidad": al nacer se crea un vínculo fusional entre la madre y el niño, y corresponde al padre tomar su lugar. Sería deseable que esto ocurra entre tres y seis meses después del nacimiento del niño. La diferencia, en este caso, es que es el padre quien genera primero esta relación fusional con el hijo. Así que trabajamos juntos en la manera de reconstruir la relación de pareja pidiendo, por ejemplo, a la abuela que cuidara de Andrea regularmente para que Alberto y su mujer pudieran verse. Este genosociograma también permitió tomar conciencia del legado de tristeza no expresada que Alberto llevaba en sí, dado que sus padres provenían ambos de familias de huérfanos. Esta herencia se ha arraigado, de alguna manera, por culpa de este padre tiránico que no respetaba ninguna emoción. Al tomar conciencia de esto y al observar cómo su hijo Andrea expresaba sus emociones, Alberto pudo al fin sentirse libre de expresar su tristeza.

ACCEDER AL INCONSCIENTE Y A SUS RECURSOS CREATIVOS

¿Qué aporta el genosociograma? Ayuda a generar un cambio benéfico. Es un catalizador de toma de consciencia que nos permite acceder a nuestros recursos creativos. La corteza prefrontal que se activa durante este trabajo ayuda a identificar opciones y oportunidades nuevas y a estar más abierto a los otros. Permite experimentar las emociones, los sentimientos que llevan a sentir y a pensar "fuera de los caminos habituales", y favorece el acceso al inconsciente y a sus recursos creativos. Este trabajo acompaña a la persona en el proceso de adquirir consciencia de cosas de las que no era consciente. Escribir en una hoja los traumas personales, así como los de nuestros antepasados, permite la puesta en marcha del proceso. Al final de este trabajo, las personas se sienten livianas porque han depositado gran parte de su carga en la hoja. El hecho de haber depositado, sin juzgarlo y en palabras, lo que pesaba tanto, libera. Eso requiere de criterio de parte del terapeuta para hacer las preguntas.

Es también un trabajo que repara vínculos como lo demuestra el ejemplo de Thomas, de catorce años: le reprochaba a su padre por haberlos abandonado a él y a su madre, poco después de que naciera. Su madre se volvió a casar con un hombre que lo adoptó y lo crio como si fuera su propio hijo, con quien forjó un vínculo fuerte y cariñoso. En sesión, Thomas construyó su genosociograma colocando a los miembros de su familia y a las personas externas importantes para él. Hizo numerosos trazos verdes (signos de lazos afectivos fuertes, según los códigos del genosociograma, cf. pág. 136) entre él, su madre, su padre adoptivo y sus abuelos adoptivos. Dibujó un grueso trazo rojo entre él y su padre biológico, signo de una profunda hostilidad. Después de este trabajo, pudo visualizar todos los vínculos verdes relacionados con él. De esta manera tomó consciencia del amor que lo rodeaba y que recibía de todos los demás miembros de su familia, incluidos sus abuelos adoptivos. Este trabajo de contextualización le permitió dar otro sentido a su experiencia. "Me di cuenta de lo mucho que me amaban", me confió con gran alegría. En ocasión de este trabajo, Thomas también tomó consciencia de que tanto su padre como su abuelo biológico habían sido abandonados por sus padres, lo que disminuyó considerablemente su hostilidad. Esta exploración —que a veces se asemeja a un trabajo digno de Agatha Christie— permite iluminar con una luz nueva nuestras opciones de vida, construir nuestra identidad con un poco más de libertad, curar heridas del pasado y encontrar un hilo conductor a nuestra historia. "Si no podemos cambiar nuestro pasado, podemos cambiar la relación que tenemos con nuestra historia y con lo que nos habita", expresa maravillosamente bien Vincent de Gaulejac.

El trabajo en psicogenealogía abre el diálogo con la familia. Eso es lo que la mayoría de las personas que vienen a trabajar conmigo me dicen después. Tengo en mente el caso de Alexandre, cirujano pediátrico, que vino a trabajar para "soltar la carga de la muerte de su hermano a los siete años" —justo cuando su propia hija estaba por cumplir los siete años— y para "alivianar los vínculos familiares que se sienten como un peso". Hacer su genosociograma le permitió, en sus palabras, "entablar un diálogo" con su familia, sobre todo, con sus padres. "Después de eso, mi padre me habló de su familia durante dos horas. A través de este trabajo, repasamos el pasado reciente, el de mi abuela paterna. Tengo la impresión de cargar con sus duelos, de la amputación, de lo irreparable, de la pérdida, de ahí la angustia sin objeto que tengo". Este trabajo nos permite, de hecho, ser empáticos, porque tomamos consciencia del sufrimiento del otro y eso nos permite, también, entender ciertas elecciones de vida. Eso cambia todo. Como si, de repente, algo se abriera. Un diálogo extremadamente rico, por íntimo, puede ponerse en marcha. Uno entabla una comunicación real con el otro, respecto de lo que es realmente importante. Esto da una profunda satisfacción aunque los acontecimientos sean tristes. Esto es a lo que yo le llamo "milagros". A veces, este trabajo lleva, por el contrario, a cortar lazos con personas tóxicas y destructivas.

Victoria es psicóloga en La Plata (Argentina) porque sus padres la persuadieron de que hiciera esa carrera. Pero a ella no le gusta su trabajo, lo hace por obligación. Ella sueña con una carrera artística. El trabajo con su genosociograma la ayudó a entender una cosa esencial: en la vida es importante hacer lo que nos gusta. Después de nuestra sesión, me escribió para decirme que por primera vez en su vida sentía que alguien la entendía y la acompañaba, y que no volvería al grupo de psicogenealogía porque iba a cambiar de profesión. Durante este trabajo, se sintió bella y libre.

Convenció a su marido, restaurador, de que se mudaran a Buenos Aires; ella se inscribió en la mejor escuela de arte y encontró un colegio nuevo para sus tres hijos, todo eso en tres meses. Cuando algo se tiene que hacer, se hace muy rápidamente. "Ya no tengo más angustia, me siento llena de energía", me dijo entonces. "Este trabajo me despertó, estaba muerta, y ahora estoy viva y en acción".

Otro ejemplo: el de Roberta que, aparte de su árbol, hizo lo que llamó su "psicogenealogía de zapatos". A los treinta años, se encontró a la cabeza de la empresa que le legó su padre, de origen italiano. Nada que discutir. Salvo que ella no tenía ningún interés en dirigir una empresa. Para ella, era una carga. De ahí la petición con la que llega al grupo de trabajo que coordino en Bolonia: "No encuentro mi lugar como mujer". Entre otras cuestiones sobre la feminidad, trabajamos los conceptos de *anima* y *animus* de Carl Gustav Jung[135]. Durante nuestro trabajo, observo sus botas negras, muy masculinas, casi militares. Pero no digo nada. A la siguiente sesión, después de haber trabajado sobre su lugar de mujer en su vida, llega con bailarinas rosas. Todo el grupo se ríe. Yo le sugiero que encuentre un calzado más práctico para la ciudad y para la lluvia, y que respete su nueva búsqueda de feminidad. En la sesión siguiente tiene puestas unas botas cortas, nuevas y más femeninas, con una tira rosa de cada lado. Me habla entonces de los milagros de la sincronicidad que la llevaron a probarse esas botas; el mismo día, al volver a su casa después de la segunda sesión, parada frente a la vidriera de una zapatería, este modelo le llamó poderosamente la atención. Le permitió combinar a la vez el lado sólido y resistente que ya tenía y una feminidad que estaba en proceso de eclosión. Aquí, el terapeuta no hace más que acompañar y asumir el rol de catalizador a través de sus intervenciones y de su empatía. Este trabajo también le permitió hablar con su padre, renunciar a la dirección de la empresa al cabo de un año —luego de haber encontrado y formado a un nuevo director—y retomar sus estudios.

---

135. Kaj Noschis, *Carl Gustav Jung, vie et psychologie*, Presses polytechniques et universitaires romandes, 2004.

CONCLUSIÓN

*Es al revivir un vínculo de confianza que cada
uno puede renovar los hilos de su historia.*
PHILIPPE JEAMMET[136]

La psicogenealogía no se teoriza: se vive, se explora. Propone un proceso dinámico y desarrolla millares de historias singulares porque cada ser es único. Este libro está basado en estos recorridos y viajes donde lo particular encuentra lo universal, en torno de cicatrices simbólicas del alma humana, de sus historias entrelazadas y de sus vínculos transgeneracionales. Todos estos viajes tienen los mismos objetivos: la serenidad, la paz, la aceptación, la liviandad. Porque los traumas y los problemas recibieron la escucha y la compresión empática necesarias, se pusieron en la hoja de la pizarra y fueron trabados.

Gracias a la psicogenealogía, el cuerpo está en paz. Los momentos difíciles fueron digeridos, el trabajo de duelo está terminado y podemos pasar a otra cosa. Además de los traumas de nuestros ancestros, también hubo que tener en cuenta nuestros propios traumas, porque están inscriptos en nuestro cuerpo (la partida de una niñera que quisimos mucho, la muerte de un hijo, de un cónyuge…).

---

136. «Le regard d'un clinicien», en Polo Tonka, *Dialogue avec moi-même.*

La psicogenealogía es un primer paso hacia la aceptación, pero no resuelve todo. A veces —bastante a menudo— la realización del genosociograma no es suficiente y se impone una psicoterapia como complemento. Cuando uno decide hacer un trabajo sobre sí mismo y sobre todas las generaciones que nos precedieron, algo pasa. Entramos, entonces, en un mundo donde las sincronicidades, tan caras a Jung, se multiplican. Este proceso abre la mente a lo desconocido, a lo imprevisible, a la creatividad, a la *serendipity*[137]. Es como si se abrieran puertas a lo imprevisto, a acontecimientos que carecen de causalidad, pero están ligados por el sentido.

Si no nos liberamos de nuestro pasado, nuestro pasado nos impide ser libres. El trabajo en psicogenealogía permite dejar de sentirte atrapado en un rol. "Nos toca a nosotros inventarnos y cada uno se convierte en el artífice de lo que ha recibido", decía Françoise Dolto. Al devolver a nuestros ancestros lo que les pertenece podemos, al fin, ver las cosas de otra manera, aclarar nuestras elecciones de vida con un enfoque nuevo, construir nuestra identidad con un poco más de libertad, sanar las heridas del pasado y encontrar el hilo conductor de nuestra historia. Al

---

137. Disposición o capacidad mental para hacer un descubrimiento fortuito a partir de circunstancias o hechos imprevistos. Este neologismo fue acuñado en 1754 por Horace Walpole (1717-1797). Se inspiró en un cuento persa del siglo XVI, *Viajes y aventuras de los tres príncipes de Serendip* (isla de Ceilán). Es la historia de tres príncipes que tenían la capacidad de hacer descubrimientos felices e inesperados por casualidad. Este término apareció en francés como "sérendipité", en los años ochenta. [N. del T.: La palabra "serendipidad" aparece en el Diccionario de Español Actual (1999), de Seco, Andrés y Gabino, definida como "facultad de hacer un descubrimiento o un hallazgo afortunado de forma accidental". El Diccionario de la RAE incorpora el término en su edición de 2014]. Ver Anne Ancelin Schützenberger, «La serendipity: coïncidences et synchronicité», Annales de la Faculté des Lettres de l'université de Nice, hommages au doyen J. P. Weiss, 1996.

hacer visibles las lealtades invisibles, los secretos familiares y los duelos no realizados que nos apresan, nos damos la libertad de vivir nuestra propia vida. La psicogenealogía es un camino que conduce a la claridad presente en cada uno de nosotros. Nos permite distinguir lo importante de lo que no lo es tanto. Aporta humildad y compasión. Nos da serenidad porque nos permite situarnos con exactitud en las diferentes dimensiones de nuestra genealogía. "El objetivo es conocer nuestra historia familiar a fin de aumentar las posibilidades de hacernos las preguntas correctas; y, conociéndonos mejor, utilizar con más eficacia la información que tenemos", explica Serge Tisseron[138].

El trabajo de psicogenealogía se propone iluminar la vida de nuestros antepasados con una luz nueva. Implica la aceptación de sus luces y de sus sombras. Pero no se trata en ningún caso de juzgarlos. "El enfoque transgeneracional no consiste en condenar o rechazar a nuestros ancestros, sino en tratar de comprender lo que les pasó y entender en qué medida no pudieron hacer más que lo que hicieron, con los medios psíquicos y emocionales que tenían a su alcance —escribe con mucha razón Bruno Clavier—. Lejos de la búsqueda de la culpa original, es un camino hacia la comprensión humana de un trauma cuyas huellas las ocultó el silencio"[139].

Para entender es importante contextualizar los acontecimientos, es decir, ponerlos en su tiempo, su lugar, su cultura, su entorno, las creencias y los valores de la época. No es lo mismo nacer durante la guerra o en tiempos de paz, divorciarse o tener un hijo por fuera del matrimonio hoy que hace cincuenta años. En términos absolutos, no podemos comprender a una persona ni a sus actos desde nuestro punto de vista, hay que ponerse en su lugar y en su pasado. En la consulta de psicogenealogía, pasamos tiempo imaginando lo que nuestros ancestros vivieron situándolos en el contexto de la época.

---

138. Serge Tisseron, *Vérités et mensonges de nos émotions, op. cit.*

139. *Les Fantômes familiaux, op. cit.*

Pero nuestros ancestros no sólo nos transmiten traumas. También nos pueden transmitir alegrías, pasiones, las fuerzas del carácter, el sentido de la familia, la valentía, valores: como la amistad, la honestidad, la fidelidad, el sentido de la responsabilidad, el amor… A menudo encontramos en los árboles un ancestro que es un modelo de vida para la persona que viene a trabajar, el que le procura siempre un sentimiento de alegría y de pertenencia. Me acuerdo de este señor que decía: "Yo heredé de mi abuelo paterno el valor de la amistad y su amor por el vino y los caballos. Hoy, el vino que producimos está inspirado en el alma de este abuelo y la pasión por el vino une a toda nuestra familia". Lindo homenaje a esta herencia maravillosa que nuestros ancestros nos legan también.

AGRADECIMIENTOS

Mi más sincero agradecimiento a Alix Lefief-Delcourt, que me ha asistido en la redacción de este libro. Ella supo hacer que mis ejemplos fueran más fluidos, claros y concisos. Gracias a ella, este libro fue escrito con placer.

Muchos de mis pacientes-clientes me autorizaron a incluir el relato de sus vidas tomado de su genosociograma y uno de ellos lo rediseñó para que puediéramos publicarlo. Quiero agradecer especialmente la generosidad de todos ellos, y espero que sus ejemplos de vida sean útiles a los lectores.

Gracias también a Élodie Bourdon, mi editora, que vino a buscarme para que escriba este libro y me propuso hacerlo en condiciones simpáticas y en un ambiente positivo. Estoy agradecida por su disponibilidad, su profesionalismo, su mente abierta y su creatividad.

A todos, les expreso toda mi gratitud.

BIBLIOGRAFÍA

Ancelin Schützenberger, Anne, *Aïe, mes aïeux!*, Desclée de Brouwer, 1993.

—, *Le Psychodrame*, Payot, 2003.

—, *Exercices pratiques de psycho-généalogie*, Payot, 2011.

—, *Psychogénéalogie. Guérir les blessures familiales et se retrouver soi*, Payot, 2015.

Ancelin Schützenberger, Anne et Bissone Jeufroy, Evelyne, *Sortir du deuil*, Payot, 2005.

Alcoba, Laura, *Manèges. Petite histoire argentine*, Gallimard, 2007.

Basset, Lytta, *Le Pouvoir de pardonner*, Albin Michel, 1999.

—, *Ce lien qui ne meurt jamais*, Le Livre de Poche, 2010.

Bertherat, Thérèse et Bernstein, Carol, *Le corps a ses raisons*, Le Seuil, 1976.

—, *Courrier du corps*, Points, 2008.

Bissone Jeufroy, Evelyne, *Quatre plaisirs par jour, au mini-mum!*, Payot, 2009.

Bradshaw, John, *Retrouver l'enfant en soi*, Éditions de L'Homme, 2013. Clavier, Bruno, *Les Fantômes familiaux*, Payot, 2013.

—, *Ces enfants qui veulent guérir leurs parents*, Payot & Rivages, 2019.

De Gaulejac, Vincent, *Les Sources de la honte*, Points, 2011.

—, *La Névrose de classe*, Payot, 2016.

Dolto, Catherine et Faure-Poirée, Colline, *Si on parlait de la mort*, Gallimard Jeunesse, 2019.

Dolto, Françoise, *Enfances*, Le Seuil, 1986.

— , *Paroles pour adolescents ou le complexe du homard*, Le Livre de Poche, 1992.

—, *Tout est langage*, Gallimard, 1994.

—, *La Cause des enfants*, Pocket, 2007.

—, *Autoportrait d'une psychanalyste*, Le Seuil, 2008.

Duigou, Daniel, *L'Église sur le divan*, Bayard 2009.

Ernaux, Annie, *Les Armoires vides*, Gallimard, 1974.

—, *La Place*, Gallimard, 1984.

—, *L'Événement*, Gallimard, 2000.

—, *L'Autre Fille*, Nil éditions, 2011.

Fluteau, Jean-Paul, *L'enfant gigogne. Au cœur de nos émotions, un enfant intérieur*, Guy Trédaniel Éditeur, 2003.

Forward, Susan, *Parents toxiques*, Marabout, 2013.

Hudson, Kerry, *Basse Naissance*, Éditions Philippe Rey, 2020.

Jauffret, Régis, *Papa*, Le Seuil, 2020.

Kübler-Ross, Elisabeth, *La mort, porte de la vie*, Le Livre de Poche, 1995.

—, *La mort est une question vitale*, Albin Michel, 1996.

—, *La mort est un nouveau soleil*, Pocket, 2002.

—, *La mort, dernière étape de la croissance*, Pocket, 2006.

Lee Cori, Jasmin, *Les Mères absentes. Guérir de l'amour qui vous a manqué*, Ixelles Éditions, 2014.

Miller, Alice, *C'est pour ton bien. Racines de la violence dans l'éducation de l'enfant*, Flammarion, 2015.

—, *Notre corps ne ment jamais*, Flammarion, 2004.

Noschis, Kaj, *Carl Gustav Jung. Vie et psychologie*, Presses polytechniques et universitaires romandes, 2004.

Poletto, Rosette et Dobbs, Barbara, *Lâcher prise, dire oui à la vie*, Jouvence, 1998.

Porot, Maurice, *L'enfant de remplacement*, Éditions Frison-Roche, 1996.

Robinson, David, *Chaplin: His Life and Art*, Paladin, 1986.

Salomé, Jacques, *Contes à guérir. Contes à grandir*, Le Livre de Poche, 2008.

Santini, Céline, *Kintsugi. L'art de la résilience*, First Éditions, 2018.

Sœur, Emmanuelle, *Confessions d'une religieuse*, Flammarion, 2008.

Springola, Vanessa, *Le Consentement*, Grasset, 2020.

Tisseron, Serge, *Tintin et les secrets de famille*, Aubier, 1992.

—, *Vérités et mensonges de nos émotions*, Albin Michel, 2005.

—, *Les Secrets de famille*, PUF, 2011.

Tolle, Eckhart, *Le Pouvoir du moment présent*, J'ai lu, 2010.

Van Den Brouck, Jeanne, *Manuel à l'usage des enfants qui ont des parents difficiles*, Points, 2006.

Yalom, Irvin D., *L'art de la thérapie*, Le Livre de Poche, 2018.

—, *La Méthode Schopenhauer*, Points, 2008.

MATERIAL AUDIOVISUAL

Festen, de Thomas Vinterberg, 1998.

S21, la machine de mort khmère rouge, de Rithy Panh, 2003.

L'Image manquante, de Rithy Panh, 2013.

De tal padre, tal hijo, de Kore-Eda Hirokazu, 2013.

La psychogénéalogie dans *Scènes de ménage*, émission de la Télévision suisse romande, 25 mars 2009.

www.evebissonejeufroy.info/psychogenealogie.html

Entre archaïsme et modernité : la construction transgénérationnelle du couple et de la sexualité, conférence donnée par Bruno Clavier au salon Zen, 2011 – www.salon-zen.fr/animations/conferences-salon-zen-video/entre-archaisme-modernite- construction-transgenerationnelle-couple-de-sexualite-bruno-clavier/

VERSIONES EN ESPAÑOL DE LA BIBLIOGRAFÍA CITADA

Alcoba, Laura, *La casa de los conejos*, Edhasa, 2008.

Ancelin Schützenberger, Anne y Bissone Jeufroy, Evelyne, *Salir del duelo*, Taurus, 2008.

Ancelin Schützenberger, Anne, *Introducción al psicodrama*, Aguilar, 1970.

—, *Introducción al psicodrama* en sus aspectos técnicos, Aguilar, 1970.

—, *¡Ay, mis ancestros!*, Taurus, 2008.

Barthes, Roland, *Mitologías*, Siglo XXI, 2010.

Bertherat, Thérèse y Carol, Bernstein, *El cuerpo tiene sus razones*, Paidós, 2014.

Bissone Jeufroy, Evelyne, *Cuatro placeres al día, ¡como mínimo!*, Aguilar, 2010.

Cyrulnik, Boris, *La maravilla del dolor*, Granica, 2005.

De Gaulejac, Vincent, *Las fuentes de la vergüenza*, Mármol izquierdo, 2008.

—, *La neurosis de clase*, Sapere Aude, 2019.

Dolto, Françoise, *La causa de los niños*, Paidós, 1986.

—, *Cuando los padres se separan*, Paidós, 1989.

Ernaux, Annie, *El acontecimiento*, Tusquets, 2000.

—, *El lugar*, Tusquets, 2002.

—, *Los armarios vacíos*, Cabaret Voltaire, 2022.

—, *La otra hija*, KRK Ediciones, 2014; Cabaret Voltaire, 2023.

Fauré, Christophe, *Vivir el duelo. La pérdida de un ser querido*, Kairós, 2005.

Freud, Sigmund, *Recordar, repetir y reelaborar*, Amorrortu, 1980.

Green, André, "La madre muerta" en *Narcisismos de vida, narcisismo de muerte*, Amorrortu, 1999.

Kübler-Ross, Elisabeth, *Sobre el duelo y el dolor*, Luciérnaga, 2016.

Laplanche, Jean y Pontalis, Jean-Bertrand, *Diccionario de psicoanálisis*, Paidós, 1996.

Lee Cori, Jasmin, *La madre emocionalmente ausente. Cómo reconocer y sanar los efectos invisibles del abandono emocional infantil*, Sirio, 2023.

Levy, Marc, *Los hijos de la libertad*, Roca, 2010.

Miller, Alice, *Por tu propio bien. Raíces de la violencia en la educación del niño*, Tusquets, 2006.

Poletti, Rosette y Barbara, Dobbs, *La resiliencia. El arte de resurgir a la vida*, Lumen, 2005.

Porot Maurice, *El niño de reemplazo*, Fundapsi, 2023.

Salomé, Jacques, *Cuentos que ayudan a crecer*, La Máscara, 2002.

Teege, Jennifer, *Mi abuelo me habría pegado un tiro*, Nagrela, 2017.

Tisseron, Serge, *Nuestros secretos de familia. Casos y manual de instrucciones*, México, Diana, 2000.

ÍNDICE ONOMÁSTICO

«Para viajar lejos no hay mejor nave que un libro».

EMILY DICKINSON

Gracias por leer este libro.

En **penguinlibros.club** encontrarás las mejores
recomendaciones de lectura.

Únete a nuestra comunidad y viaja con nosotros.

penguinlibros.club

Penguin
Random House
Grupo Editorial

penguinlibros

Este libro
se terminó de imprimir en
Móstoles, Madrid,
en el mes de mayo de 2026.